LEANDRO MIRANDA ERNESTO

SEGURANÇA PRIVADA:

Como complemento à Segurança Pública

BRASÍLIA-DF

2023

Dedico este livro a Deus, o meu Senhor e Salvador; eterna fonte de inspiração; razão de tudo, por nunca ter me desamparado. Quando caí, a Sua mão me ergueu. Quando sofri, o Seu amor me consolou. A Sua graça me basta e supre todas as minhas fraquezas. E a Sua fidelidade é maior do que todos os obstáculos na minha vida.

Agradecimentos

Uma caminhada como esta não se faz sozinho e muitos foram aqueles que contribuíram de alguma forma.

À minha esposa Nádja, e aos meus filhos Davi e Mateus – razões da minha vida, sem os quais nada teria sentido –, pelas infindáveis horas de estudo roubadas de seus convívios e pelo amor sempre presente.

A meus pais, Araribóia e Maria de Cássia por terem vivido para nos dar educação, valores, amor incondicional, caráter e nos ensinado a sermos cidadãos de bem e humanos.

A meus irmãos, Victor, Átila e Arianne, pelo incessante incentivo, estímulo, carinho, compreensão e cumplicidade de todos os momentos. E por caminharem a vida ao meu lado.

Aos colegas da Polícia Federal, que ombreiam comigo no enfrentamento incessante à criminalidade e às Organizações Criminosas, para que possamos ter um dia uma sociedade mais justa, segura, igualitária e pacífica.

Aos colegas da Polícia Militar do Distrito Federal, onde iniciei a minha carreira policial.

Aos familiares e amigos que sempre estiveram do meu lado nos momentos fáceis e difíceis da vida, tornando-a mais leve.

Aos amigos do Sindicato dos Policiais Federais no Distrito Federal – SINDIPOL/DF e da Federação Nacional dos Policiais Federais - FENAPEF que juntos lutamos por uma segurança pública mais eficiente e meritória.

Aos amigos do Instituto Latino-Americano de Educação para Segurança - ILAES, do qual tenho o orgulho de ser Sócio-Fundador, por a luta de um país mais justo e solidário.

Aos amigos e colegas do Centro Universitário Projeção e Gran Faculdade que caminham comigo nessa jornada acadêmica.

Aos alunos que diariamente me ensinam com suas vidas e me estimulam a continuar caminhando.

Creio que a transcendência é, talvez, o desafio mais secreto e escondido do ser humano. Porque nós, seres humanos, homens e mulheres, na verdade, somos essencialmente seres de *protest-ação*, de ação de protesto. Protestamos continuamente. Recusamo-nos a aceitar a realidade na qual estamos mergulhados porque somos mais, e nos sentimos maiores do que tudo o que nos cerca. Desbordamos todos os esquemas, nada nos encaixa. Não há sistema militar mais duro, não há nazismo mais feroz, não há repressão eclesiástica mais dogmática que possam enquadrar o ser humano. Sempre sobra alguma coisa nele. E não há sistema social, por mais fechado que seja, que não tenha brechas por onde o ser humano possa entrar, fazendo explodir essa realidade. Por mais aprisionado que ele esteja, nos fundos da Terra, ou dentro de uma nave espacial no espaço exterior, mesmo aí o ser humano transcende tudo. Porque, com seu pensamento, ele habita as estrelas, rompe todos os espaços. Por isso, nós, seres humanos, temos uma existência condenada – condenada a abrir caminhos, sempre novos e sempre surpreendentes.
(Leonardo Boff)

RESUMO

A presente obra trata da segurança privada: como complemento à segurança pública, com base em dados estatísticos e análise biobibliográfica das principais doutrinas sobre o tema. Tem por objetivo investigar os problemas e desafios da segurança privada no enfrentamento à violência e a criminalidade, em complementação à segurança pública. Para tanto, analisa a violência como um problema social global; desmistifica o senso comum de que os problemas de segurança pública devem ser solucionados por a polícia e que é possível acabar com a violência e a criminalidade. Investiga as causas da violência no Brasil. Apresenta um panorama internacional da segurança privada, especialmente na América Latina, União Europeia e em Portugal; e, por fim, estuda a sua origem, expansão e números do mercado; os significados e funções; os sistemas de segurança privada, suas características gerais, o vigilante como agente de segurança e o controle e fiscalização da segurança privada, trazendo, por fim, os principais problemas e desafios enfrentados por a segurança privada no Brasil.

Palavras-Chave: Segurança Privada; Violência; Clandestina; Vigilante; Controle

ABSTRACT

This work deals with private security: complementing public security from a sociological perspective, based on statistical data and bio-bibliographic analysis of the main doctrines on the subject. It aims to investigate the problems and challenges of private security in the face of violence and crime. To do so, it analyzes violence as a global social problem; demystifies the common sense that public safety problems must be solved by the police and that it is possible to put an end to violence and crime. Investigates the causes of violence in Brazil. It presents an international panorama of private security, especially in Latin America, the European Union and Portugal; and, finally, studies its origin, expansion and market numbers; the meanings and functions; private security systems, their general characteristics, the vigilante as a security agent and the control and supervision of private security, bringing, finally, the main problems and challenges faced by private security in Brazil.

Keywords: Private Security; Violence; Clandestine; Vigilant; Control

RESUMEN

Este trabajo aborda la seguridad privada: complementando la seguridad pública desde una perspectiva sociológica, basada en datos estadísticos y análisis biobibliográficos de las principales doctrinas sobre el tema. Su objetivo es investigar los problemas y desafíos de la seguridad privada frente a la violencia y el crimen. Para ello, analiza la violencia como un problema social global; desmitifica el sentido común de que los problemas de seguridad pública deben ser resueltos por la policía y que es posible poner fin a la violencia y el crimen. Investiga las causas de la violencia en Brasil. Presenta un panorama internacional de la seguridad privada, especialmente en América Latina, la Unión Europea y Portugal; y, finalmente, estudia su origen, expansión y cifras de mercado; los significados y funciones; los sistemas de seguridad privada, sus características generales, el vigilante como agente de seguridad y el control y supervisión de la seguridad privada, trayendo, finalmente, los principales problemas y desafíos que enfrenta la seguridad privada en Brasil.

Palabras clave: Seguridad Privada; Violencia; Clandestino; Vigilante; Control

RÉSUMÉ

Cet ouvrage traite de la sécurité privée : complémentarité de la sécurité publique dans une perspective sociologique, à partir de données statistiques et d'analyses biobibliographiques des principales doctrines en la matière. Il vise à enquêter sur les problèmes et les défis de la sécurité privée face à la violence et à la criminalité. Pour ce faire, il analyse la violence comme un problème social mondial ; démystifie le bon sens selon lequel les problèmes de sécurité publique doivent être résolus par la police et qu'il est possible de mettre fin à la violence et à la criminalité. Enquête sur les causes de la violence au Brésil. Il présente un panorama international de la sécurité privée, notamment en Amérique latine, dans l'Union européenne et au Portugal ; et, enfin, étudie son origine, son expansion et ses chiffres de marché ; les significations et les fonctions ; les systèmes de sécurité privée, leurs caractéristiques générales, le justicier en tant qu'agent de sécurité et le contrôle et la supervision de la sécurité privée, apportant enfin les principaux problèmes et défis auxquels est confrontée la sécurité privée au Brésil.

Mots-clés : *Sécurité privée ; Violence; Clandestin; Vigilant; Contrôle*

LISTA DE ABREVIATURAS E SIGLAS

ADI	Ação Direta de Inconstitucionalidade
ADPF	Ação de Descumprimento de Preceito Fundamental
CADH	Convenção Americana de Direitos Humanos
CIDH	Convenção Interamericana de Direitos Humanos
CNJ	Conselho Nacional de Justiça
CNMP	Conselho Nacional do Ministério Público
CPP	Código de Processo Penal
CRFB	Constituição da República Federativa do Brasil
HC	Habeas Corpus
OAB	Ordem dos Advogados do Brasil
ONU	Organização das Nações Unidas
PDCP	Pacto dos Direitos Civis e Políticos
PF	Polícia Federal
STF	Supremo Tribunal Federal
STJ	Superior Tribunal de Justiça

SUMÁRIO

INTRODUÇÃO 3

PARTE I – DA SEGURANÇA PÚBLICA 11

1. SOCIEDADE E SEGURANÇA 11

  1.1. Sociedade e Estratégias de Segurança 11

    1.1.1 O problema da violência no Brasil: análise com base nos dados
    estatísticos 11

    1.1.2. Causas da Violência e da Insegurança Pública 17

  1.2. Conceitos fundamentais de Segurança 19

    1.2.1. Segurança Pública 19

    1.2.2. Polícia e Poder de Polícia 21

    1.2.3. Polícia Administrativa Lato Sensu e Polícia Judiciária 25

PARTE II - DA SEGURANÇA PRIVADA 27

2. CONSIDERAÇÕES PRELIMINARES SOBRE A SEGURANÇA PRIVADA 27

  2.1. Histórico da Segurança Privada 28

    2.1.1. Origem da Segurança Privada 28

    2.1.2. Expansão da Segurança Privada 33

    2.1.3. Números do Mercado de Segurança Privada 38

  2.2. Segurança Privada: conceitos e funções 43

    2.2.1. Policiamento: Conceitos e Características 43

    2.2.2. Polícia e Segurança Privada 47

    2.2.3. Interrelação entre Segurança Pública e Privada 49

    2.2.4. Atividades abrangidas por a segurança privada 52

  2.3. Sistemas de Segurança Privada 55

    2.3.1. Características Gerais dos Sistemas de Segurança Privada 56

    2.3.2. O Vigilante como Agente de Segurança Privada 60

    2.3.3. Controle e Fiscalização da Segurança Privada 66

  2.4. Panorama Internacional da Segurança Privada 70

    2.4.1. Segurança Privada no Mundo: Panorama Geral 70

    2.4.2. Segurança Privada na América Latina 75

    2.4.3. Segurança Privada na União Europeia 77

    2.4.4. Segurança Privada em Portugal 80

  2.5. Desafios da Segurança Privada no Brasil 84

    2.5.1. Serviços Clandestinos de Segurança Privada e a participação de policiais
    84

    2.5.2. Estagnação do Setor de Segurança Privada 90

2.5.3.   *Novo Estatuto da Segurança Privada* 93

2.6.   Exercícios de fixação 96

CONSIDERAÇÕES FINAIS 101

REFERÊNCIAS BIBLIOGRÁFICAS 107

INTRODUÇÃO

A **violência**, como veremos, é um **problema social global** que atravessa a história da humanidade, sendo encontrada em todas as sociedades e tradições culturais. Trata-se de uma problemática interdisciplinar que hoje tem um lugar garantido enquanto foco de atenção da mídia, do discurso político e da sociedade.

Já a **violência urbana persiste** como **um dos mais graves problemas sociais no Brasil**, totalizando mais de 1 milhão de vítimas fatais nos últimos 24 anos. A taxa de mortes por agressão saltou de 22,2 no ano de 1990 para 28,3 por 100 mil habitantes em 2013, com variações importantes entre diferentes estados.[1]

Segundo o Sistema de Informação sobre Mortalidade do Ministério da Saúde (SIM/MS), em 2019 houve **45.503 homicídios no Brasil**, o que corresponde a uma taxa de **21,7 mortes por 100 mil habitantes**.[2] Ou seja, a violência é um problema que tem que ser enfrentado com seriedade, pois enseja na ocisão da vida de milhares de pessoas e destrói diversas famílias.

Todavia, o **conceito de violência** é amplo e complexo. Segundo Michaud: "há **violência** quando, numa situação de interação, um ou vários atores agem de maneira direta ou indireta, maciça ou esparsa, **causando danos** a uma ou várias pessoas em graus variáveis, seja em sua **integridade física**, sejam em sua **integridade moral, em suas posses**, ou em **suas participações simbólicas e culturais**"[3].

A palavra "**violência**" vem do latim *violentia*, que significa violência, caráter violento ou bravio, força. O verbo *violare* significa tratar com violência, profanar, transgredir. Tais termos devem ser referidos a *vis*, que quer dizer força, vigor, potência, violência, emprego de força física, mas também quantidade,

---

[1] Instituto Brasileiro de Geografia e Estatística (IBGE); MS/SVS/DASIS – Sistema de Informações sobre Mortalidade (SIM); Fórum Brasileiro de Segurança Pública.

[2] CERQUEIRA, Daniel *et al.* **Atlas de Violência 2021**. São Paulo: FBSP, 2021, p. 11. Disponível em: <https://www.ipea.gov.br/atlasviolencia/arquivos/artigos/5141-atlasdaviolencia2021completo.pdf>. Acesso em: 22 jun. 2023.

[3] MICHAUD, Yves. **A violência**. São Paulo: Ed. Ática, 1989, pp. 10 e 11.

abundância, essência ou caráter essencial de alguma coisa. Mais profundamente, a palavra *vis* significa a força em ação, o recurso de um corpo para exercer sua força e, portanto, a potência, o valor, a força vital.

No entanto, essa **força** assume sua qualificação de **violência** em função de **normas definidas** que variam muito. Desse ponto de vista, pode haver quase **tantas formas de violência** quantas foram as **espécies de normas**.

Atualmente a maioria das considerações sobre a **violência** se concentra na **criminalidade, cujo aumento quer denunciar**. Mas, essa **progressão da violência criminal não foi provada** e o que se assiste é, em vez, uma **pacificação progressiva da sociedade**; admitindo-se o não, **os costumes se civilizaram**. O fato de a **opinião pública preocupar-se com uma crescente insegurança** não tem, entretanto a ver com o volume efetivo da criminalidade, mas sim com as **normas a partir das quais são concebidos os fenômenos criminosos**.

Ao contrário das sociedades do passado, **as nossas estão habituadas a uma segurança cada vez maior**, que não depende só dos números da criminalidade, mas também e até mais da organização dos seguros e da previdência social, da homogeneidade de um espaço livre de circulação, a regulação de múltiplos aspectos da vida através do Estado. Sobre o **pano de fundo de uma segurança crescente** – e invasora –, **os comportamentos criminosos** são percebidos com uma **ansiedade desproporcional** em relação ao seu volume real. No entanto, isso não significa que a mudança das normas possa ser subestimada.

Do ponto de vista histórico é difícil dispor de informações quantitativas certas sobre um passado distante, mas nossa ignorância não é total; em todo caso, tudo o que sabemos vai na mesma direção: **a violência é marca registrada de períodos inteiros do passado**[4]. Só depois do início do século XIX se desenvolveram as coletas de dados e os aparelhos estatísticos, ao mesmo tempo que se desenvolvia a administração burocrática das sociedades. Hoje,

---

[4] MICHAUD, Yves. **A violência**. São Paulo: Ed. Ática, 1989, p. 33.

com a revolução dos sistemas informáticos, o registro dos dados muda ainda de natureza e permite visualizar num painel a vida social, autorizando *feedbacks* que respondem num tempo curtíssimo.

Portanto, o **projeto de uma história da violência** frequentemente esbarra **na falta de dados precisos**. Do mesmo modo, na sociologia, é difícil avaliar o volume de violência de sociedades que não se preocupam ou não tem meios para guardar traço de dados deste tipo.

A criminalidade urbana está ligada à brutalidade da vida, à pobreza e as carências, e também se deve a marginalização dos grupos desenraizados pelas transformações agrárias, as catástrofes naturais e as epidemias. Os indivíduos perambulam e buscam as cidades e a comunidade rural não pode mais assegurar sua própria regulação da violência e da delinquência.

Mesmo em períodos mais recentes, **os estudos confirmam um alto nível de violência criminosa e de brutalidade,** particularmente nas cidades onde a população é pobre e constituída em parte por migrantes e pessoas sem domicílio fixo. **As violências físicas e o roubo** são o que há de mais corrente na criminalidade.

Os estudos confirmam o **diagnóstico de violência feito pelos historiadores: a violência criminosa era um modo normal de comportamento num mundo em que os meios jurídicos eram inacessíveis à maioria.** A atmosfera geral de violência se traduz ainda pela frequência de castigos corporais, pelo interesse por divertimentos brutais com os torneios, as justas, a luta.[5]

Se consideramos agora a **evolução da criminalidade** desde o século XIX, apoiando-nos nas estatísticas judiciárias ou sanitárias, constataremos uma **regressão dos homicídios em quase toda parte.** Em compensação, se considerássemos os **danos à propriedade** entre as violências criminosas a serem levadas em conta, a apreciação seria diferente; mas então seria preciso

---

[5] Idem, p. 37.

atentar para o fato de que os **danos aos bens** multiplicam-se em sociedades de **abundância** e de **seguro**, onde **o roubo não tem mais a mesma gravidade** e **banalizou-se**[6].

Portanto, os **conhecimentos históricos** permitem perceber uma **progressiva civilização dos costumes** e uma **diminuição da violência criminosa**. Tal processo tem como contrapartida uma **gestão cada vez mais restritiva da vida social** e a **ascensão dos controles sociais**. Em todo caso, se há um aumento da violência, ela não se encontra do lado da criminalidade, ou então é porque **nos tornamos extraordinariamente sensíveis a uma insegurança que nunca foi tão fraca.**[7]

As denúncias do aumento da violência e da insegurança hoje tendem a assimilar **qualquer desordem** com uma **violência que ameaça a ordem social no seu todo**. O surgimento do tema da **violência** nos **discursos políticos** ou nas **preocupações da opinião pública não é neutro**: traduz avaliações positivas ou negativas que, por sua vez, pesam sobre as situações assim entendidas e sobre as ações efetivas. Evidentemente, tais avaliações dependem dos critérios em vigor nos grupos sociais.

Ademais, a **apreensão**, o **registro** e a **avaliação** da **violência nunca são neutros**, mas pelo contrário, o foco de um conflito que desdobra o confronto direto dos adversários. Os que **dominam os canais de comunicação** têm, dependendo do caso, **interesse em exagerar ou diminuir a violência** de seus adversários ou a deles próprios. A existência dos meios de comunicação de massa (rádio, televisão, cinema, jornais, internet etc.) constitui um dos traços mais característicos das sociedades desenvolvidas contemporâneas.

O fato da violência se apresentar como uma crise em relação ao estado normal cria, por princípio, uma **afinidade entre ela e a mídia**. Como podemos constatar, num dia calmamente banal fica difícil fazer um jornal ou um noticiário de TV para anunciar que não aconteceu nada. **A mídia precisa de**

---

[6] Ibidem.
[7] Idem, p. 38

6

acontecimentos e vive do sensacional. A violência, com a carga de ruptura que ela veicula, é por princípio um **alimento privilegiado para a mídia**, com vantagem para as violências espetaculares, sangrentas ou atrozes sobre as violências comuns, banais e instaladas.[8]

Por outro lado, **a mídia tem um fator preponderante no sentimento de insegurança das pessoas. Uma das consequências mais importantes da ação da mídia** é contribuir para **tornar a violência irreal, banalizando as imagens. A realidade da violência não é estética**; as fotografias do local de um atentado dão uma pálida ideia da náusea provocada por restos humanos despedaçados e pelo sangue em poças ou salpicado nas paredes. Dessa forma, não há dúvida, de que as **imagens da violência** contribuem de modo não desprezível para mostrá-la como mais normal, menos terrível do que ela é, em suma: banal. Cria-se assim, um hiato entre uma experiência anestesiada e as provas da realidade, raras, mas muito mais fortes.

Portanto, **questiona-se: será que houve um aumento da criminalidade ou o que houve foi o aumento da divulgação desses crimes por meio da mídia? Ou o que houve foi um aumento do número de registros de crimes nos órgãos de controle social?**

Por outro lado, tem-se no senso comum, equivocadamente, que o **problema da violência é solucionado por a atuação da polícia**. Não obstante, veremos adiante que o problema da violência não deve ser **policiado** e sim **politizado**, por meio de **Políticas Públicas** multidisciplinares, transversais, dentre as quais, **Políticas Públicas de Segurança Pública**.

Veremos que **os problemas da violência e criminalidade devem ser enfrentados por todos: sociedade** – por meio de organizações sociais, organizações não governamentais, igreja, comunidade etc. – e **Estado** – por meio de políticas públicas de educação, emprego, saúde, transporte, moradia, expectativa de ascensão social, segurança pública etc. Em outras palavras, a

---

[8] Idem, p. 49.

polícia é só um dos instrumentos de enfrentamento da violência e da criminalidade, não o principal nem o único.

A **polícia** atua de forma a **preventiva**, evitando que o crime aconteça, e **repressiva**, prendendo os que cometeram crimes. Mas, perceba, ela atua na **consequência** do problema. Nesse sentido, deve-se atuar também, e principalmente, na **causa** dos problemas que geram a violência e insegurança pública: enfrentar a **causa** e a **consequência** desses problemas concomitantemente.

Outro ponto importante que precisamos esclarecer é que **a polícia não reduz a violência** e sim **reduz o sentimento de insegurança,** com sua presença ostensiva e com as prisões de criminosos. Isso porque o **sentimento de insegurança**, que se encontra no coração das discussões sobre o aumento da violência, raramente repousa sobre a **experiência direta da violência**. Ele corresponde à **crença, fundada ou não, de que tudo pode acontecer, de que devemos esperar tudo, ou ainda de que não podemos mais ter certeza de nada nos comportamentos cotidianos**. Aqui, imprevisibilidade, caos e violência estão juntos.

Devemos atentar, também, ao fato de o senso comum acreditar que **é possível acabar com a violência ou com a criminalidade**. Na verdade, **esse pensamento é errôneo, pois sempre haverá violência**. Primeiro, **porque a violência é relacionada com os diversos aspectos da natureza humana:** há uma base neurofisiológica da violência[9]; a etologia, que considera a violência humana na perspectiva dos comportamentos animais[10] (a agressividade é própria do homem bem como dos outros animais); a psicologia, psicanálise e antropologia. Isso **porque ela é um fenômeno social, intrínseco à própria condição humana e da vida sem sociedade**.

---

[9] Do ponto de vista neurofisiológico, os organismos, mesmo os mais elementares, se mantém em vida reagindo aos estímulos do ambiente que para eles são como agressões.
[10] Tal agressão tem funções precisas: ela permite a repartição territorial dos indivíduos segundo os recursos dos nichos ecológicos;

Tais são as características do ser humano: **sua agressividade conquistadora e imperialista** inaugura o descobrimento e a exploração inventivos de um meio ambiente que não se limita mais a um pequeno território.

A agressão acompanha a conquista, a destruição e a exploração. Nesse sentido, **há uma violência no próprio âmago da humanidade**, que anima suas invenções, suas descobertas e sua produção de cultura. Segundo, porque existem **diversas formas de violência.** O que se faz é **controlar a violência** em níveis aceitáveis na sociedade. Ademais, **os seres humanos superestimam sua autonomia** – sua ilusão por liberdade e dignidade. **Ninguém sabe realmente de que pode tornar-se capaz em matéria de violência.**

Dessa forma, a violência não é mais negada e recalcada, e sim **reconhecida como problema que pede soluções e remédios.** Ela faz parte dos fenômenos submetidos **à regulação social.**

Nesse sentido, o presente estudo tem por **objetivo** analisar a **segurança privada no Brasil** sob o viés sociológico, considerando que **a segurança pública, sozinha, não é capaz de solucionar os problemas de segurança da população, devendo ser complementada por a segurança privada.**

Para tanto, o trabalho foi dividido em **duas partes: 1) Da segurança Pública; e 2) Da segurança privada,** considerando que **esta complementa aquela.**

Na **primeira parte** trataremos da **Segurança Pública.** No **primeiro capítulo** apresentaremos uma visão geral sobre **sociedade e segurança pública,** com **ênfase no problema da violência no Brasil;** origem, evolução conceitual e as causas da violência e da insegurança no Brasil. Apresentaremos os conceitos técnicos dos temas ligados à segurança pública e à polícia, destacando suas diferenças; desmistificaremos as causas da violência e da insegurança pública;

Na segunda parte, mais precisamente, no **segundo capítulo,** trataremos da **Segurança Privada.** No **quarto capítulo,** apresentaremos uma **visão geral**

sobre a segurança privada, com ênfase no problema da violência no Brasil. Estudaremos o; apresentaremos o **panorama internacional da segurança privada**, especialmente na América Latina, União Europeia e em Portugal; e, por fim, conheceremos **os principais desafios da segurança privada no Brasil**.

PARTE I – DA SEGURANÇA PÚBLICA

1. SOCIEDADE E SEGURANÇA

Nesse tópico, apresentaremos uma visão geral sobre sociedade e segurança pública, com ênfase no problema da violência no Brasil.

1.1. Sociedade e Estratégias de Segurança

Nesse capítulo, analisaremos o problema da violência no Brasil. Inicialmente, será feita uma abordagem do problema da violência e da criminalidade no Brasil, com base em dados estatísticos oficiais.

Em seguida adentraremos no **estudo da segurança pública brasileira**, trazendo os problemas enfrentados pelos órgãos públicos responsáveis por controlar a violência na sociedade e garantir a proteção dos direitos individuais, sem se dissociar de uma atuação pautada no respeito, na defesa e na promoção dos direitos humanos.

1.1.1 O problema da violência no Brasil: análise com base nos dados estatísticos

A violência, como vimos, é um **problema social global**, que atravessa a história humana, sendo encontrada em todas as sociedades e tradições culturais. Trata-se de uma problemática interdisciplinar que hoje tem um lugar garantido enquanto foco de atenção da mídia, do discurso político e da sociedade.

A violência urbana persiste como **um dos mais graves problemas sociais no Brasil, totalizando mais de 1 milhão de vítimas fatais nos últimos 24 anos.**

A taxa de mortes por agressão saltou de 22,2 no ano de 1990 para 28,3 por 100 mil habitantes em 2013, com variações importantes entre diferentes estados.[11]

Segundo o Sistema de Informação sobre Mortalidade do Ministério da Saúde (SIM/MS), **em 2019 houve 45.503 homicídios no Brasil**, o que corresponde a uma taxa de 21,7 mortes por 100 mil habitantes. Situando esse valor em um quadro de crescimento dos homicídios de 1979 a 2017, o número é inferior ao encontrado para todos os anos desde 1995.[12]

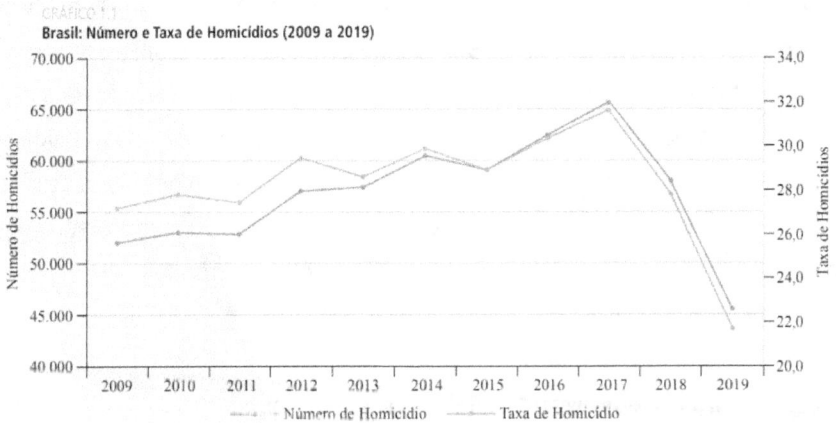

GRÁFICO 1.1

Brasil: Número e Taxa de Homicídios (2009 a 2019)

Fonte: IBGE/Diretoria de Pesquisas, Coordenação de População e Indicadores Sociais, Gerência de Estudos e Análises da Dinâmica Demográfica e MS/SVS/CGIAE – Sistema de Informações sobre Mortalidade – SIM. O número de homicídios na UF de residência foi obtido pela soma das seguintes CIDs 10: X85-Y09 e Y35, ou seja: óbitos causados por agressão mais intervenção legal. Elaboração: Diest/Ipea, FBSP e IJSN.

Conforme analisado nos "Atlas da Violência 2019"[13] e "Atlas da Violência 2020"[14], **três fatores ajudaram a impulsionar a diminuição dos homicídios ao longo da década em várias Unidades Federativas: a mudança do regime demográfico rumo ao envelhecimento da população e à diminuição do número de jovens; a implementação de ações e programas qualificados de**

---

[11] Instituto Brasileiro de Geografia e Estatística (IBGE); MS/SVS/DASIS – Sistema de Informações sobre Mortalidade (SIM); Fórum Brasileiro de Segurança Pública.

[12] CERQUEIRA, Daniel et al. **Atlas de Violência 2021**. São Paulo: FBSP, 2021, p. 11. Disponível em: <https://www.ipea.gov.br/atlasviolencia/arquivos/artigos/5141-atlasdaviolencia2021completo.pdf>. Acesso em: 22 jun. 2023.

[13] CERQUEIRA, Daniel et al. **Atlas da Violência 2019**. Brasília: Ipea; FBSP, 2019. Disponível em: <https://www.ipea.gov.br/portal/images/stories/PDFs/relatorio_institucional/190605_atlas_da_violencia_2019.pdf>. Acesso em: 22 jun. 2023.

[14] CERQUEIRA, Daniel et al. **Atlas da Violência 2020**. Brasília: Ipea; FBSP, 2020. Disponível em: <https://www. ipea.gov.br/atlasviolencia/download/24/atlas-da-violencia-2020>. Acesso em: 22 jun. 2023.

segurança pública em alguns estados e municípios brasileiros; e o **Estatuto do Desarmamento**.[15]

Estudo recente divulgado pelo Escritório das Nações Unidas sobre Drogas e Crime (UNODC) mostrou que o Brasil possui 2,8% da população mundial, mas acumula **11% dos homicídios de todo o mundo**[16].

Como agravante, pesquisa produzida por Daniel Cerqueira, do Instituto de Pesquisa Econômica Aplicada (Ipea), calculou que, **de 1996 a 2010, quase 130 mil homicídios no Brasil não entraram nas estatísticas de mortes violentas**[17]. Isso significa que o número real de assassinatos no país é de cerca de 60 mil ocorrências anuais. Ou seja, se é verdade que o Brasil tem melhorado seus indicadores econômicos e sociais, o quadro de violência do país indica a convivência com taxas de crimes letais em muito superiores às de outros países e nos coloca no triste ranking das sociedades mais violentas do mundo, isso sem contar as altas taxas endêmicas de outros crimes violentos (roubos, sequestros, lesões, mortes pela polícia etc.).

Em 2022, o Brasil registrou 47.398 mortes violentas intencionais (MVI), categoria criada pelo Fórum Brasileiro de Segurança Pública (FBSP) que agrega as **vítimas de homicídio doloso** (incluindo feminicídios e policiais assassinados), **roubos seguidos de morte, lesão corporal seguida de morte** e as **mortes decorrentes de intervenções policiais**. Esse número só é maior daquele observado em 2011, primeiro ano da série histórica monitorada pelo FBSP[18].

Em termos relativos, **a taxa de mortalidade ficou em 23,3 por grupo de 100 mil habitantes**, recuo de 2,4% em relação ao ano de 2021. Mesmo significando

---

[15] CERQUEIRA, Daniel *et al.* Op. Cit., 2021, p. 13.

[16] UNODC - *United Nations Office on Drugs and Crime. World Drug Report* 2014, *United Nations Office on Drugs and Crime*: Vienna, 2014.

[17] CERQUEIRA, Daniel. **Mapa de homicídios ocultos no Brasil**. Texto para Discussão 1848, Brasília, DF, Instituto de Pesquisa Econômica Aplicada (Ipea), jul. 2013.

[18] FÓRUM BRASILEIRO DE SEGURANÇA PÚBLICA. **17° Anuário Brasileiro de Segurança Pública**. São Paulo: Fórum Brasileiro de Segurança Pública, 2023. Disponível em: <https://forumseguranca.org.br/wp-content/uploads/2023/07/anuario-2023.pdf>. Acesso em: 02 Ago 2023.

uma redução de ritmo em relação aos anos entre 2018 e 2021, essa pequena queda é positiva e precisa ser realçada.[19]

Todavia, ela também revela, como veremos na sequência, tensões, limites metodológicos e problemas que devem ser destacados, sob o risco de a sociedade brasileira ser induzida a acreditar na ideia de que o país resolveu seu dilema civilizatório e agora é uma nação mais segura. Estamos longe disso. **Ainda somos uma nação violenta e profundamente marcada pelas diferenças raciais, de gênero, geracionais e regionais** que caracterizam quem são e onde vivem as vítimas da violência letal[20].

A análise da distribuição das mortes indica um **quadro bastante heterogêneo no contexto nacional. Nas regiões Sul e Centro-oeste** a violência letal cresceu, respectivamente, 3,2% e 0,8%. **O Sudeste** apresentou redução de 2% e as **regiões Norte e Nordeste**, que viveram períodos agudos de crescimento da violência letal na década passada, foram capazes de reagir e apresentaram reduções importantes. No **Norte**, a redução foi de 2,7% e, no **Nordeste**, chegou a 4,5% de queda. Apenas na **região Nordeste**, cerca de 889 vidas foram poupadas, o que forçou a redução da violência letal nacionalmente. Apesar do resultado positivo, as duas regiões ainda convivem com **taxas muito elevadas de violência letal**[21].

Na escala subnacional, **o estado mais violento do país em 2022 foi o Amapá**, com taxa de MVI de 50,6 por 100 mil habitantes, mais do que o dobro da média nacional. **O segundo estado mais letal foi a Bahia**, com taxa de 47,1 por 100 mil e, **na terceira posição, temos o Amazonas**, com taxa de 38,8 por 100 mil. No outro extremo, as unidades da federação com as **menores taxas de violência letal foram São Paulo**, com 8,4 mortes por 100 mil habitantes, **Santa Catarina**, com 9,1 por 100 mil e o **Distrito Federal**, com taxa de 11,3. Ao todo, 20 estados registraram taxas de MVI acima da média nacional.

---

[19] Ibidem.
[20] Ibidem.
[21] Ibidem.

As causas para a explosão de violência verificada a partir de 2016, em linhas gerais, tem relação direta com o **racha entre as duas maiores organizações criminosas do país, o PCC e o Comando Vermelho**. Ambas têm origem no Sudeste, mas ao longo dos anos 2000 foram expandindo seus domínios para outras regiões e buscando parcerias com organizações criminosas locais que também atuavam com o narcotráfico. **O PCC**, especificamente, acelerou este projeto entre 2012 e 2018, com cerca de 18 mil novos batismos no período, a maioria fora de São Paulo, o que desencadeou o racha com o Comando Vermelho.[22]

A partir de 2015 iniciam-se uma série de reações, ainda locais, **para frear a expansão do PCC em território nacional**, mas a **execução do traficante Jorge Rafaat**, atuante na fronteira entre Brasil e Paraguai, **foi o ponto de virada que escalonou o conflito**. Com o assassinato de Rafaat, **o PCC passou a dominar a região**, muito estratégica para a produção em larga escala de maconha, mas também operando como *hub* para o preparo da cocaína produzida nos países andinos, que é trazida para o Brasil para consumo interno, mas também exportada para os países da Europa e da África. **Hoje o PCC é a maior facção criminosa do país, conta com ao menos 35 mil integrantes**, sofisticados métodos de lavagem de dinheiro e se conecta com organizações criminosas em todo o mundo, tal como a máfia italiana '*Ndrangheta*[23][24]

[22] MANSO, Bruno Paes; DIAS, Camina Nunes. **A Guerra:** A Ascensão do PCC e o Mundo do Crime no Brasil. São Paulo, Todavia, 2018.

[23] '*Ndrangheta* é um proeminente tipo da máfia italiana, sindicato do crime organizado com sede na região peninsular da Calábria e que remonta ao Século XVIII. É considerado o grupo de crime organizado mais poderoso do mundo. Desde a década de 1950, após a emigração em larga escala da Calábria, a organização se estabeleceu em todo o mundo. É caracterizada por uma estrutura horizontal composta por clãs autônomos conhecidos como '*Ndrina*, baseados quase exclusivamente em laços de sangue. Sua principal atividade é o narcotráfico, do qual detém quase o monopólio na Europa, mas também lida com tráfico de armas, lavagem de dinheiro, extorsão, agiotagem e prostituição. A '*Ndrangheta* mantém relações privilegiadas com os principais cartéis sul-americanos, que a consideram seu parceiro europeu mais confiável. É capaz de influenciar fortemente a política local e nacional e de se infiltrar em grandes setores da economia legal. Em 2013, eles supostamente faturaram 53 bilhões de euros, de acordo com um estudo do *Demoskopika Research Institute*. Um diplomata dos Estados Unidos estimou que as atividades de tráfico de drogas, extorsão e lavagem de dinheiro da organização representaram pelo menos três por cento do PIB da Itália em 2010.

[24] ADORNO, Luís; MUNIZ, Tiago. As 53 facções criminosas brasileiras. *In*: **Anuário Brasileiro de Segurança Pública:** Especial Eleições 2022. Fórum Brasileiro de Segurança Pública, 2022.

Após a morte de Rafaat a **guerra entre PCC e CV explodiu, gerando conflitos no sistema prisional de vários estados e muitas mortes nas ruas, o que explica o crescimento agudo da violência nos anos de 2016 e 2017.**

O perfil das vítimas de mortes violentas intencionais não se altera significativamente de um ano para o outro e segue um padrão mais de longa duração. Com aumento ou redução nos estados, o perfil das vítimas se mantem muito parecido nos últimos anos. Em média, **91,4% das mortes violentas intencionais vitimam homens**, enquanto 8,6% vitimam mulheres. Este percentual varia de acordo com a ocorrência: **entre os mortos em intervenções policiais, 99,2% das vítimas eram do sexo masculino.**[25]

Em relação ao **perfil étnico-racial das vítimas, 76,5% dos mortos eram negros. Negros são o principal grupo vitimado pela violência independente da ocorrência registrada**, mas chegam a **83,1% das vítimas de intervenções policiais**[26].

Outro dado que não oscila dos anos anteriores é aquele que constata que **50,3% das vítimas de MVI eram adolescentes e jovens com idade entre 12 e 29 anos**. Dentre os **mortos em intervenções policiais, esse grupo etário concentra 75% das mortes**. Já os **roubos seguidos de morte atingem um público mais velho, ¼ tem mais de 60 anos e 46,9% tinham entre 35 e 59 anos quando foram mortos**[27].

Em relação ao **instrumento empregado, as armas de fogo seguem sendo o principal instrumento utilizado para matar no Brasil. 76,5% dos casos foram praticados com uso de arma de fogo.** Aqui, porém, para além das armas de fogo, nota-se que a violência atinge níveis extremos quando, pela própria dinâmica do tipo penal, **37,1% das mortes derivadas de Lesões Corporais**

---

[25] FÓRUM BRASILEIRO DE SEGURANÇA PÚBLICA. **17º Anuário Brasileiro de Segurança Pública**. São Paulo: Fórum Brasileiro de Segurança Pública, 2023. Disponível em: <https://forumseguranca.org.br/wp-content/uploads/2023/07/anuario-2023.pdf>. Acesso em: 02 Ago 2023.
[26] Ibidem.
[27] Ibidem.

foram provocadas por agressões, enforcamentos, sufocamentos e similares. **Em 15,3% das Lesões Seguidas de Morte, o instrumento utilizado foram armas brancas, como facas**. Dito de outra forma, **a arma de fogo é o principal vetor das Mortes Violentas Intencionais**, mas a questão da violência letal não se encerra apenas na necessária e urgente retomada de políticas responsáveis de controle e rastreamento de armas de fogo[28].

Após a análise do problema da violência no Brasil, vamos agora abordar as causas da violência e da insegurança pública.

1.1.2. Causas da Violência e da Insegurança Pública

Hoje vivemos um forte drama no campo da Segurança Pública no Brasil, herdado, particularmente, das quatro ou cinco últimas décadas.

Sabemos que esse drama é uma consequência primária da **injustiça social** e não da **pobreza**, ao contrário do que afirma o senso comum. **Pobreza não gera crime e nem violência**. A pobreza é heroicamente honesta, de forma geral, e criminosos há entre os pobres e entre os ricos. Por evidência empírica, do ponto de vista proporcional, é fácil perceber que a situação é até mais grave entre os segmentos abastados.

Já a **injustiça social** é, sem dúvida, **um elemento predisponente da insegurança pública, da violência e da criminalidade**. Isso é uma verdade particularmente em culturas periférico-dependentes da grande economia de mercado, como a brasileira, submetidas a um predomínio da **ideologia consumista** e com uma classe consumidora numericamente considerável.[29]

A causa *mater* **da violência** é o somatório de um **tripé absolutamente explosivo**: a **péssima distribuição de renda**, a **ideologia consumista** (especialmente predominante nos segmentos mais jovens, independentemente

---

28 Ibidem.
29 BALESTRERI, Ricardo. **Um novo paradigma de segurança pública**. *In*: COSTA, IF., and BALESTRERI, RB., orgs. Segurança pública no Brasil: um campo de desafios [online]. Salvador: EDUFBA, 2010, pp. 57-67

de classe social, os mais vitimizados e mais perpetradores de crimes) e a **quase ausência do mundo adulto na condição educadora** (que é, sempre e necessariamente, a da provocação construtiva do juízo moral autônomo, da autonomia intelectual e dos valores solidários).[30]

É fácil olhar para a juventude brasileira e perceber seu **abandono no campo moral** (não na perspectiva do moralismo, mas do compromisso com a dignidade de si mesma e do outro), pela **ausência de autoridade** (e não de autoritarismo) do mundo adulto, muito possivelmente porque o mundo adulto, ele mesmo, não possua quase nenhuma compreensão do sejam valores morais.

A onipresença da ideologia do consumo em **países mais desenvolvidos** não é, por si mesma, fundamento da explosão de crime ou violência. É, sim, fundamento de insatisfação individual, de falta de sentido existencial, de depressão, de perda de significado para a vida. Isso porque, nos países desenvolvidos, a onipresença do consumismo é – paradoxalmente – ansiogenicamente alimentada, mas também aplacada pelo consumo. Neles, pelo menos, **o sujeito (ou objeto?) tem recursos para consumir.**

Ao consumir é subsumido na passividade triste. **Nos países periféricos**, como o nosso ("emergente", sim, mas periférico, é bom que não se esqueça), a onipresença ideológica do consumismo se encurrala no "beco sem saída" da falta de poder aquisitivo da maioria. **O resultado é a violência e o crime.**

A seguir, veremos os conceitos fundamentais de segurança e analisaremos o problema da insuficiência da segurança pública em enfrentar, sozinha, o problema da violência e da criminalidade, necessitando do apoio de outros atores, como a **segurança privada.**

---

[30] Ibidem.

1.2. Conceitos fundamentais de Segurança

A partir de agora, passaremos a conceituar alguns institutos que são de suma importância para compreensão técnica e correta do nosso estudo, como: segurança pública, polícia administrativa, polícia judiciária, trazendo as diferenças entre elas.

Essa fase conceitual é elementar porque traremos ferramentas necessárias para realização da distinção entre esses institutos e possibilitará sua aplicação técnica, especialmente quando formos tratar das atribuições de cada órgão dentro do sistema de segurança pública.

1.2.1. Segurança Pública

O **conceito de segurança pública** nunca foi de fácil delimitação. Mesmo assim, algumas **características básicas** relativas à segurança pública são comuns à maioria dos Estados contemporâneos, a saber: **prevenção e repressão ao crime** e **compromisso de manutenção da ordem pública e da paz social**, bem como o **respeito e observância dos princípios do Estado democrático de direito e das garantias e direitos fundamentais dos seres humanos.**[31]

A Constituição Federal de 1988 definiu **segurança pública** como sendo "**dever do Estado, direito e responsabilidade de todos**".[32]

[31] CASTRO, Bruno Ribeiro. **Cooperação policial internacional e o combate ao crime organizado transnacional**: uma perspectiva subordinada aos direitos e garantias individuais dos Seres Humanos. 90p. Dissertação (Mestrado em Ciências Policiais - área de especialização em Criminologia e Investigação Criminal) - Instituto Superior de Ciências Policiais e Segurança Interna. Lisboa: 2019. Disponível em: <https://comum.rcaap.pt/bitstream/10400.26/30389/1/DISSERTA%C3%87%C3%83O%20-%20INSTITUTO%20SUPERIOR%20DE%20CI%C3%8ANCIAS%20POLICIAIS%20E%20SEGURAN%C3%87A%20INTERNA%20-%20final.pdf> Acesso em: 25 Jul 2023.
[32] BRASIL. **Constituição Federal de 1988**. Disponível em <https://www.planalto.gov.br/ccivil_03/constituicao/constituicao.htm>. Acesso em 15 Jul 2023.

A **Segurança Pública** é um serviço público, baseado na prevenção e na repressão qualificada, com respeito à equidade, à dignidade humana e guiado pelo respeito aos Direitos Humanos e ao Estado democrático de Direito.

Segundo Erthal,[33] **Segurança Pública** pode ser entendido como um **direito fundamental**, mas também doutrinariamente como sendo a **manutenção da ordem pública pelas forças se segurança**.

Em síntese, em uma sociedade democrática, a tarefa da **segurança pública** consistiria na **manutenção da paz** e **da ordem pública** com a garantia e respeito aos **direitos fundamentais dos cidadãos**, possibilitando o **exercício da cidadania**.

Por outro lado, não podemos confundir **segurança pública** com **segurança interna**. Enquanto esta se refere à defesa territorial, exercida no Brasil por as Forças Armadas, aquela é de responsabilidade das forças policiais, no Brasil exercida de acordo com a preconizado no Artigo 144 da Constituição Federal.

Já a **preservação da ordem pública**, se manifesta pela permissão de adoção de medidas preventivas e repressivas de manutenção da ordem e da paz, imprescindíveis ao restabelecimento da ordem pública quebrada.[34]

Porém, a sociedade contemporânea tem enfrentado **um novo desafio** para atingir a perspectiva de segurança pública, **o caráter transnacional das atividades criminosas**, conforme veremos a seguir.

Com a globalização econômica, o fim da guerra fria, os atentados terroristas, entre outros fenômenos internacionais de relevo, a perspectiva de segurança pública deixou de ser **unicamente uma meta interna de cada país**, mas tornou-

---

[33] ERTHAL, Carolina Naciff de Andrade. **A Segurança pública como direito fundamental e como tarefa estatal na Constituição brasileira de 1988**. 226p. Dissertação (Mestrado em Direito e Ciência Jurídica) –Faculdade de Direito, Universidade de Lisboa, 2021. Disponível em: <https://repositorio.ul.pt/bitstream/10451/48042/1/ulfd145961_tese.pdf>. Acesso em: 20 Jul. 2023.
[34] LAZZARINI, Álvaro. **Temas de Direito Administrativo**. 2.ed. São Paulo: Revista dos Tribunais, 2003.

se uma **ambição a ser perseguida pela comunidade internacional** por meio de diversos atores, em especial pelos incumbidos das atividades de **cooperação policial internacional e de inteligência.**

Com efeito, assevera-se que a **macrocriminalidade** tem evoluído de forma constante e vertiginosa, em especial quando a gravidade une os componentes de organização e transnacionalidade. Nesse contexto, tem-se desenvolvido, como peça-chave, um novo cenário dentro da "sociedade de risco" marcada por uma **crise de Administração da Justiça,** mais pressionada no campo penal, sendo um dos fatores dessa situação a **ineficiência dos Estados no enfrentamento desse problema.**

Por outro lado, **o quadro dramático da Segurança Pública brasileira** tem sido **agravado** pelo **amadorismo,** pelo **empirismo,** pelo **"conhecimento da ponta",** **das ruas** (que não pode ser desprezado, mas tampouco maximizado), **pela mera "intuição".** As políticas intuitivas constituem-se em um verdadeiro desastre histórico para a segurança do povo brasileiro. Portanto, reputamos se suma importância que a **segurança privada complemente a segurança pública,** especialmente nas lacunas deixadas por essa.

Passamos agora ao estudo do conceito de polícia e todas as suas vertentes e desdobramentos.

1.2.2. Polícia e Poder de Polícia

Primeiramente, é muito importante distinguirmos os conceitos de polícia e poder de polícia.

Em **direito administrativo,** estudamos os **principais poderes administrativos:** poder hierárquico, poder regulamentar, poder disciplinar e **poder de polícia.**

Para Di Pietro, o **poder de polícia** é a "atividade do Estado consistente em limitar o exercício dos direitos individuais em benefício do interesse público".[35]

Esse interesse público diz respeito aos mais variados setores da sociedade, tais como segurança, moral, saúde, meio ambiente, defesa do consumidor, patrimônio cultural, propriedade. Daí **a divisão da polícia administrativa em vários ramos:** polícia de segurança, das florestas, das águas, de trânsito, sanitária etc.[36]

No direito brasileiro, encontra-se conceito legal de **poder de polícia** no artigo 78 do Código Tributário Nacional:

> Considera-se poder de polícia atividade da administração pública que, limitando ou disciplinando direito, interesse ou liberdade, regula a prática de ato ou abstenção de fato, em razão de interesse público concernente à segurança, à higiene, à ordem, aos costumes, à disciplina da produção e do mercado, ao exercício de atividades econômicas dependentes de concessão ou autorização do Poder Público, à tranquilidade pública ou ao respeito à propriedade e aos direitos individuais ou coletivos.[37]

Nesse sentido, ressalte-se que **poder de polícia** não se confunde com **segurança pública**, e, assim, o seu exercício (poder de polícia, deixe-se claro) **"não é prerrogativa exclusiva das entidades policiais**, a quem a Constituição outorgou, com exclusividade, no art. 144, apenas as funções de promoção da segurança pública".[38]

O **poder de polícia** reparte-se entre Legislativo e Executivo. Tomando-se como pressuposto o princípio da legalidade, que impede à Administração impor obrigações ou proibições senão em virtude de lei, é evidente que, quando se diz

---

[35] DI PIETRO, Maria Sylvia Zanella. **Direito administrativo.** 33. ed. Rio de Janeiro: Forense, 2020, p. 323.
[36] Ibidem.
[37] BRASIL. **Código Tributário Nacional.** Disponível em: https://www.planalto.gov.br/ccivil_03/leis/l5172compilado.htm. Acesso em: 15 Jul 2023.
[38] RE 658.570, Rel. orig. Min. Marco Aurélio, red. p/ o acórdão Min. Roberto Barroso, j. 06.08.2015, DJe de 30.09.2015.

que o poder de polícia é a faculdade de limitar o exercício de direitos individuais, está-se pressupondo que essa limitação seja prevista em lei.

O Poder Legislativo, no exercício do poder de polícia que incumbe ao Estado, **cria, por lei**, as chamadas **limitações administrativas** ao exercício das liberdades públicas. Assim, temos por exemplo, a edição de uma lei que restringe a utilização de um determinado espaço público.

A Administração Pública, no exercício da parcela que lhe é outorgada do mesmo poder, **regulamenta as leis** e **controla a sua aplicação**, preventivamente (por meio de ordens, notificações, licenças ou autorizações) ou repressivamente (mediante imposição de medidas coercitivas). Como exemplo, temos a atividade administrativa de fiscalização do cumprimento destas leis.

Desse modo, o **poder de polícia** consiste em uma **série de atividades**, desde a regulamentação legal (para fiel execução), passando pelas atividades de fiscalização até a sanção.

A fundamentação para exercer o poder de polícia é o **princípio da supremacia do interesse público**, ou seja, a predominância do interesse público sobre o particular.

Você já parou para pensar sobre o que é polícia e qual a sua função na sociedade?

Polícia, é o **órgão público pertencente responsável segurança pública** que possui a atribuição para condicionar e restringir o uso e gozo de bens, atividades e direitos individuais, em prol do bem comum e das garantias das instituições democráticas e do próprio Estado.[39]

Para Bayley, o termo **Polícia** se refere a pessoas autorizadas por um grupo para **regular as relações interpessoais dentro deste grupo** através da aplicação

---

[39] MALAQUIAS, Roberto Antônio Darós. **Segurança Pública**: um novo pacto reformista da sociedade brasileira na estruturação da defesa social. Curitiba: Juruá, 2017, p. 109.

de **força física**. **É competência exclusiva da polícia o uso da força física**, diretamente ou por ameaça, com a finalidade de afetar o comportamento social.[40] Tal definição contém necessariamente **três elementos** definidores para a existência da polícia: **Força física**; **Uso interno da Força** e **Autorização coletiva**.

O que distingue a polícia das demais agências públicas, no entanto, não é o uso da força, mas a **exclusividade da autorização para usá-la**. A atividade policial é usada na execução dos limites que devem ser impostos às pessoas na sociedade.

Embora o governo pratique outras espécies de restrições através do seu poder de **polícia administrativa geral**, **a atividade policial** é a única cuja ação afeta diretamente a liberdade real, já que os policiais são os agentes executivos da força interna do Estado.

Modernamente, as forças policiais têm **três características**: são **públicas**, **especializadas** e **profissionais**. É verdade que o **policiamento privado** vem se expandindo e, em alguns países, seus membros são mais numerosos que os da polícia pública. No Rio de Janeiro, o número de homens envolvidos nesta atividade suplanta o das Forças Armadas e das polícias públicas locais somados.

Uma força policial **especializada** se concentra na aplicação da força e uma força não especializada está autorizada a usar a força e praticar outras atividades também.

A **profissionalização** refere-se a uma preparação explícita para realizar funções exclusivas da atividade policial. A profissionalização envolve recrutamento por mérito, treinamento específico, carreira estruturada e trabalho em tempo integral.

---

[40] BAYLEY, David H. **Padrões de policiamento**: uma análise internacional comparativa. Tradução de Renê Alexandre Belmonte. 2ª Ed. 1ª reimpr. São Paulo: Editora Universidade de São Paulo, 2006, p. 20.

A polícia torna-se **pública**, quando é autorizada, paga, controlada e direcionada pela comunidade. Pode haver polícia autorizada e controlada pelo governo, mas paga e direcionada pelo particular e, neste caso, não será polícia pública. Entre nós, estão neste caso as empresas privadas de segurança, controladas pelo Estado (Polícia Federal). O policiamento público surgiu para substituir o privado, sempre que este mostrou-se incapaz de prover a segurança na comunidade.

Assim, podemos **distinguir o poder de polícia** em: a) polícia administrativa *lato sensu*; b) polícia de segurança, dividida em polícia administrativa *stricto sensu* (preventiva/ostensiva, que não deve confundir-se com a ideia de poder de polícia *lato sensu* do Estado) e polícia judiciária.

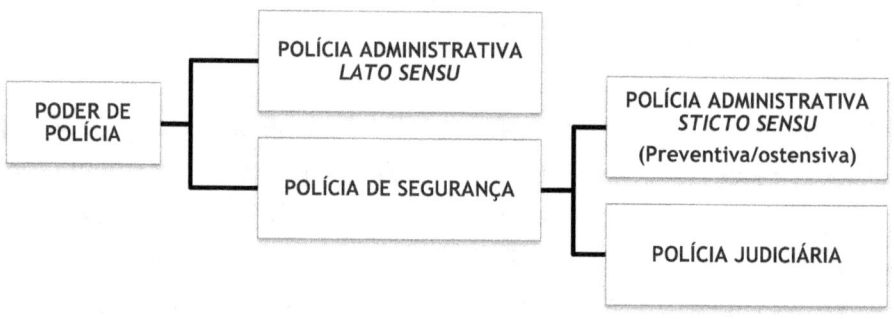

Fonte: Elemento gráfico criado pelo autor

Para Hely Lopes Meirelles, além da polícia administrativa (*lato sensu*) e da polícia judiciária, existe a **polícia de manutenção da ordem pública** (que aqui a chamamos como polícia administrativa *stricto sensu*).[41] Não obstante, não seguimos essa classificação nesse estudo.

1.2.3. Polícia Administrativa Lato Sensu e Polícia Judiciária

[41] CRETELLA JÚNIOR, José. **Tratado de Direito Administrativo**: Poder de Polícia e Polícia. 2ª ed. Rio de Janeiro: Forense, 2006, p. 39.

A polícia administrativa *lato sensu* trata dos bens, direitos e atividades que serão restritas ou condicionadas em prol do **interesse coletivo**. Ela apura e pune os **ilícitos administrativos**. Enquanto a **polícia judiciária** insurge sobre as pessoas envolvidas no cometimento de **ilícitos penais**.

A doutrina, por vezes, erroneamente, utiliza as expressões "**poder de polícia**" e "**polícia administrativa**" como sinônimos. Mas, veremos a seguir que elas são diferentes.

Gasparini explica que "o condicionamento da liberdade e da propriedade dos administrados aos interesses públicos e sociais é alcançado pela atribuição da **polícia administrativa**, ou, como é comumente designado, **poder de polícia**"[42], o que é corroborado por Edmir Araújo: "(...) quando se fala em **Poder de Polícia da Administração**, normalmente está se referindo à **polícia administrativa**."[43]

Ressalte-se, contudo, como já explicamos, **poder de polícia** não se confunde com **polícia administrativa**. O poder de polícia **é o poder em si** que tem o Estado consistente em limitar o exercício dos direitos individuais em benefício do interesse público (um dos poderes administrativos, como o disciplinar, o hierárquico, o vinculado, o discricionário etc.). Já a polícia administrativa *lato sensu* é **o exercício do poder de polícia**, ou seja, o exercício desse poder da Administração Pública, impondo limitações e restrições ao uso e gozo dos bens jurídicos individuais.

A razão do poder de polícia é o **interesse social** e o seu fundamento está na **supremacia geral do Estado**.

Hely Lopes Meirelles leciona que a **polícia administrativa** incide **sobre bens, direitos e atividades** dos indivíduos que compreendem um sistema de regulamentação interna em que o Estado busca preservar a ordem pública e

---

[42] GASPARI, Diógenes. **Direito Administrativo**. 13ª ed. São Paulo: Saraiva, 2008, p. 127.
[43] ARAÚJO, Edmir Netto de. **Curso de Direito Administrativo**. 3ª ed. São Paulo: Saraiva, 2007, p. 1003.

estabelecer regras de conduta e de bom relacionamento na comunidade no sentido de evitar, preventivamente, o conflito de direitos e a garantia dos interesses coletivos.

Conforme veremos a seguir, **a polícia judiciária** atua sobre **pessoas** (que **cometem ilícitos tipificados na legislação penal**).

Por outro lado, a **polícia administrativa** *lato sensu* atua sobre **direitos, bens e atividades** particulares, **independentemente do cometimento de qualquer infração penal**, a fim de garantir o interesse e a ordem coletivos.

Nesse sentido, a atividade de **polícia administrativa** *stricto sensu* é exercida pelos **órgãos de segurança pública**, enquanto a **polícia administrativa** *lato sensu* decorre da atuação de **órgãos administrativos** com **competência fiscalizatória** definida em lei, como Receita Federal, IBAMA, Detran, Agências Reguladoras, Vigilância Sanitária, inclusive por órgãos da segurança pública.

Por fim, cabe ressaltar que a **Polícia Federal** é a única polícia com ciclo completo, ou seja, ela acumula as funções de **polícia administrativa** e **judiciária**. Com relação a sua atuação como **polícia administrativa**, conforme veremos, **é ela o órgão responsável por fiscalizar e controlar a segurança privada no país,** por meio de suas delegacias especializadas.

Dessa forma, passaremos, agora ao estudo da Segurança Privada.

PARTE II - DA SEGURANÇA PRIVADA

2. CONSIDERAÇÕES PRELIMINARES SOBRE A SEGURANÇA PRIVADA

Nesse capítulo, temos como objetivo apresentar uma visão geral sobre a segurança privada, com ênfase no problema da violência no Brasil e a atuação das empresas de segurança privada no controle dessa violência, no histórico da segurança privada, seus sistemas, panorama internacional da segurança privada e seus desafios.

Iniciaremos com o estudo do histórico da segurança privada.

2.1. Histórico da Segurança Privada

Nesse tópico estudaremos sobre o histórico da segurança privada, sua origem, expansão e números do mercado.

Veremos que a segurança privada teve origem durante o século XVI, na Inglaterra com o objetivo de evitar roubos. Mas, somente em 1850, foi instituída a primeira empresa de segurança privada oficial do mundo.

Aprenderemos que a atividade de segurança privada no Brasil teve início em 1967, em pleno período da ditadura militar, visando inibir ações de grupos revolucionários de extrema esquerda que buscaram recursos para seus movimentos em assaltos a bancos.

Conheceremos a expansão da segurança privada no Brasil e os números desse mercado, que continua em expansão.

2.1.1. Origem da Segurança Privada

Durante o século XVI, na Inglaterra, surgiram os primeiros "**vigilantes**" para evitar roubos. As pessoas escolhidas para o cargo deviam ser hábeis na luta e no uso da espada. O serviço era remunerado pelos senhores feudais com recursos dos impostos cobrados dos súditos. Nesta época, os riscos advinham dos bandidos saqueadores, dos nobres ambiciosos e dos sacerdotes sanguinários. No antigo velho oeste americano também já existiam pessoas que escoltavam as caravanas americanas, e que já eram classificadas como **segurança privada**.[44]

Em 1820 nos Estados Unidos, **Allan Pinkerton** organizou um grupo de homens para dar **proteção ao presidente Abrahan Lincoln**. Desse modo, foi criada a **primeira empresa de segurança privada do mundo**. Porém, apenas final da década de 1840 começou a corrida do ouro na costa oeste americana, mais especificamente no estado da Califórnia. Com isso, milhões de pessoas se mudaram para a região em busca de riqueza e pela promessa de grandes lucros. E muitas conseguiram.

Foi neste cenário que Henry Wells e William Fargo, que haviam fundado a **American Express** em 1850, vislumbraram uma enorme e rentável oportunidade de negócio. Exatamente no dia 18 de março de 1852 estes fundaram na cidade de Nova York a **Wells, Fargo & Co.**, considerada a **primeira empresa de segurança privada oficial do mundo**, que no dia 18 de julho abriu seus escritórios nas cidades de San Francisco e Sacramento para oferecer serviços bancários (como compra de ouro, metais preciosos e espécie, além da venda de papel bancários para saques) e **entregas expressas** (entrega rápida de ouro e materiais de valores, além de cartas e também transporte de pessoas)[45].

Para isso a empresa oferecia **diligências** (carruagens puxadas a cavalos) **com escoltas armadas para transporte de cargas valiosas**, inicialmente entre as cidades de San Francisco e St. Louis. A empresa utilizava **suntuosas carruagens vermelhas com detalhes dourados**, produzidas pela *Abbot-Downing Company of Concord*, de New Hampshire, que variavam no tamanho e poderiam conduzir seis, nove ou doze passageiros.[46]

---

[44] RAMOS, Cícero Moteran. **Manual de Gestão de Segurança**: para Empresas, Estatais e Comunidades. Belo Horizonte: Armazém das Ideias, 2007, p. 62.
[45] Ibidem.
[46] Ibidem.

As carruagens maiores poderiam transportar até 12 homens no telhado. Eram puxadas por quatro ou por seis cavalos. Ao lado do cocheiro, na parte dianteira, sentava um protetor armado. As carruagens tinham os compartimentos de couro do armazenamento (carregadores) na parte dianteira e na parte traseira. O compartimento sob o assento do cocheiro carregava geralmente a caixa forte onde os passageiros mantinham seu dinheiro, ouro e artigos de valor. O carregador maior na parte traseira carregava o correio e os sacos dos passageiros.

Fonte: Carruagem vermelha, ícone da *Wellsfargo*[47]

Já em 1855, o detetive policial de Chicago, **Allan Pinkerton**, fundou a **Pinkerton´s,** que fazia o **serviço de proteção privada das estradas de ferro.**[48]

Ressalte-se que na época, **as instituições bancárias já estavam em pleno desenvolvimento** e em 1859, na cidade de Chicago, por **Washington Perry Brink**, a empresa que levaria seu sobrenome inicia suas atividades como **transportadora de caixas e bagagens de homens de negócio,** que viajavam para a cidade em missões comerciais. Em 1900 a **Brink's** faz sua primeira entrega bancária – seis sacos de dólares de prata – tornando-se com isso a **primeira transportadora de valores do Mundo.**[49]

Já a **atividade de segurança privada no Brasil** teve início, em sua moderna conformação, em 1967, em pleno período da ditadura militar. Organizaram-se e foram institucionalizadas **guardas armadas de instituições financeiras,** como resposta aos roubos a bancos praticados por grupos políticos de esquerda para

---

[47] DIAS, Cadu. Mundo das Marcas. **Wells Fargo**. Disponível em: <https://mundodasmarcas.blogspot.com/2015/02/wells-fargo.html> Acesso em: 02 Ago 2023.
[48] RAMOS, Cícero Moteran. **Manual de Gestão de Segurança:** para Empresas, Estatais e Comunidades. Belo Horizonte: Armazém das Ideias, 2007, p. 62.
[49] Ibidem.

financiar as suas ações. A primeira legislação sobre o assunto surgiu em 1969, com a instituição do **Decreto-Lei 1.034/69** e depois o Decreto 1.103, de 03 de março de 1970, momento em que as empresas de segurança e vigilância armada privada se emanciparam em nosso país, 117 anos após os EUA.[50]

Esses decretos **regulamentavam uma atividade até então oficiosa**, considerada **paramilitar**, e exigiam que os **estabelecimentos financeiros** (bancos e operadoras de crédito) **fossem protegidos por seus próprios funcionários** (segurança orgânica) ou por **empresas especializadas** (contratadas), **não podendo funcionar**, a partir de então, **sem a presença da segurança privada.**[51]

Tal medida visava inibir as ações de **grupos revolucionários de extrema esquerda** que buscavam recursos para seus movimentos em assaltos frequentes a estabelecimentos financeiros. Com a edição dos decretos, as empresas especializadas de segurança privada foram limitadas a um número predeterminado em cada ente federativo, ficando sob o **controle das Secretarias Estaduais de Segurança Pública**, razão pela qual até 1983 eram os **governos estaduais** os entes fiscalizadores. Segundo Caldeira[52], neste período, **a polícia civil** era responsável pela instrução e capacitação dos vigilantes, o que acabava definindo que **guardas particulares** no cumprimento do dever tinham *status* **de policiais.**

Havia aqui, como todo e sempre, certo **receio de que as corporações de segurança privada**, de forma unida, **se insurgissem contra a União**. Daí, até hoje, um **controle absoluto do Estado** sobre a estrutura, equipamentos e armamentos daquela.

---

[50] BAZOTE, Mirian. **Introdução ao estudo da segurança privada**. Senhora Segurança, Santo André, 2016. Disponível em: <https://www.bibliotecadeseguranca.com.br/wp-content/uploads/2016/04/Introducao-ao-Estudo-da-Seguranca.pdf>. Acesso em: 02 Ago 2023.
[51] RAMOS, Cícero Moteran. **Manual de Gestão de Segurança**: para Empresas, Estatais e Comunidades. Belo Horizonte: Armazém das Ideias, 2007, p. 63.
[52] CALDEIRA, Teresa P. R. **"Ter medo em São Paulo"**. In Brant, V.C. (org.). São Paulo Trabalhar e Viver. São Paulo, Editora Brasiliense, 1989.

O **pico da demanda por segurança privada** explodiu a partir de 1978, com o fim do AI-5, a distensão do governo militar e o início dos pacotes heterodoxos dos ministros da área econômica, que se revelaram equivocados e culpados pela bancarrota acelerada da classe média e expansão da base da pirâmide social.

Portanto, a partir do final do governo militar, a "necessidade" pela **segurança privada deixou de ser exclusividade obrigatória das instituições financeiras,** passando a ter importância essencial para órgãos públicos, empresas particulares e grandes empresários.

A crescente procura **exigia uma normatização mais ampla**, pois o Decreto-Lei 1034/69 já não comportava todos os aspectos da atividade. Houve, então, um grande esforço junto ao Governo Federal para **regulamentar o serviço de segurança privada** através de uma **legislação específica**. Em 1983, a atividade foi regulamentada pela **Lei 7.102**[53] e a fiscalização deixou de ser estadual (SSP) e passou a ser federal (Polícia Federal - MJ).

Foi atualizada pelas Leis 8.863, de 1994 e 9.017 de 1995. Esta última, de 30 de março de 1995, sancionada pelo presidente Fernando Henrique Cardoso estabeleceu que o Departamento da Polícia Federal passaria a ser o único órgão responsável pela fiscalização dos serviços privados de segurança, e instituiu a cobrança de taxas pela prestação dos serviços prestados por esse

Esta lei, que dispõe sobre segurança para estabelecimentos financeiros, transferiu o **treinamento dos vigilantes da polícia para o setor privado**, o que **retirou dos vigilantes o *status* de policial**, estimulou a **exploração do setor de cursos de formação e aperfeiçoamento de profissionais.** Foi atualizada pelas Leis 8.863, de 1994 e 9.017 de 1995. Esta última, de 30 de março de 1995, estabeleceu que o **Departamento da Polícia Federal** passaria a ser o **único órgão responsável pela fiscalização dos serviços privados de segurança,**

---

53   BRASIL. **Lei nº 7.102, de 20 de junho de 1983.** Disponível em: <https://www.planalto.gov.br/ccivil_03/leis/l7102.htm#:~:text=LEI%20N%C2%BA%207.102%2C%20DE%2020%20DE%20JUNHO%20DE%201983.&text=Disp%C3%B5e%20sobre%20segura n%C3%A7a%20para%20estabelecimentos,valores%2C%20e%20d%C3%A1%20outras%20provid%C3%AAncias>. Acesso em: 02 Ago 2023.

e instituiu a **cobrança de taxas pela prestação dos serviços prestados por esse Departamento**.

Estas **taxas** são cobradas sobre os **serviços de vistoria, renovação de certificados, autorização para compra de equipamentos, expedição de alvará, entre outros**, e destinam-se ao **custeio e a manutenção das atividades fim da Polícia Federal**.

Dentro da Polícia Federal, a unidade responsável por a fiscalização é a **Divisão de Controle de Segurança Privada – DICOF/CGCSP/DPA/PF**, subordinada à **Coordenação-Geral de Controle de Serviços e Produtos – CGCSP/DPA/PF** e à **Diretoria de Polícia Administrativa** – DPA/PF, com sede em Brasília, que tem o auxílio das Delegacias de Controle de Serviços e Produtos, denominadas Delesps. Estas são Delegacias de segurança privada, instaladas em cada estado e têm a função de autorizar, controlar e fiscalizar as empresas de segurança.

Atualmente o compêndio legal da segurança privada no Brasil conta com 7 leis/Decretos e 16 portarias multidisciplinares. Passaremos a estudar, a seguir, a expansão da segurança privada no Brasil.

2.1.2. Expansão da Segurança Privada

De acordo com a doutrina internacional especializada sobre o tema, os **serviços de segurança privada** passaram a se **expandir aceleradamente no mundo** (ou ao menos nas democracias desenvolvidas ou em desenvolvimento, onde os dados são mais acessíveis) **a partir dos anos 60**[54], estimuladas por mudanças importantes nas dinâmicas sociais dessas sociedades, em especial nos grandes centros urbanos[55].

---

[54] SHERING, Clifford D. *Private Security: implications for social control. In* McCORMICK, K. R. E; VISANO, L. A. *Understandig policing.* Toronto: Canadian Scholar's Press, p. 542-544, 1992 e SOUTH, Nigel. *Privatizing policing in the European Market: some issues for Theory, Policy, and Research. In: European Sociological Review*, v. 10, n. 3. Oxford University Press, 1994.
[55] ZANETIC, André. **A questão da segurança privada**: estudo do marco regulatório dos serviços particulares de segurança. 2005. Dissertação (Mestrado em Ciência Política) - Faculdade de

A **segurança privada** cresceu linearmente no Brasil desde seu surgimento oficial com o Decreto Federal de 21 de outubro de 1969, tendo **seu maior crescimento a partir dos anos 90**, notado pelo número de empresas de vigilância, de vigias de rua e na disseminação de tecnologias voltadas à indústria da segurança eletrônica.[56]

Embora esse crescimento seja evidenciado em todas as fontes de informações relacionadas ao tema, **há uma grande controvérsia em relação a real dimensão dos números** que representam o dimensionamento do setor. De acordo com a **Polícia Federal, no final de 2005** havia no país **1.280.147 vigilantes, 1.727 empresas de vigilância, 1.308 empresas de segurança orgânica** e **305 empresas de transportes de valores** oficialmente cadastradas no órgão, que é formalmente responsável pela autorização, fiscalização e controle do setor dos serviços privados de segurança no país[57].

Por outro lado, segundo informações do **2º ESSEG**, estudo desenvolvido pela **Federação Nacional das Empresas de Segurança e Transporte de Valores** FENAVIST sobre o setor da segurança privada no Brasil, os números relacionados ao total de vigilantes em atuação seriam bem mais modestos, estimando-se um total de **557,5 mil vigilantes**, entre terceirizados e orgânicos, em 2005[58].

Filosofia, Letras e Ciências Humanas, Universidade de São Paulo, São Paulo, 2006. Disponível em: <https://teses.usp.br/teses/disponiveis/8/8131/tde-14062007-154033/publico/dissertacao.pdf>. Acesso em: 02 Ago 2023.

[56] ZANETIC, André. A segurança privada no Brasil: alguns aspectos relativos às motivações, regulação e implicações sociais do setor. **Revista Brasileira Adolescência e Conflitualidade**, São Paulo, p.51-70, 2010.

[57] BRASIL. Ministério da Justiça e Segurança Pública: Polícia Federal – **Relatório 2005** (disponível em http://www.políciafederal.gov.br). A título de comparação, em 2007 o contingente das forças públicas de segurança somadas atingia 528.823 pessoas, considerando-se apenas os policiais civis e militares (410.991 policiais militares e 117.832 policiais civis) (segundo dados do Ministério da Justiça, Fórum Brasileiro de Segurança Pública e Coordenadoria de Análise e Planejamento da Secretaria de Segurança Pública de São Paulo – CAP/SSP-SP).

[58] 2º ESSEG, 2005. Esses números correspondem à soma de 382 mil vigilantes terceirizados estimados para 2005 e 175,5 mil vigilantes orgânicos que foram, de acordo com o estudo, identificados pelo Relatório Anual de Informações Sociais – RAIS para o ano de 2003.

Apesar de haver discrepâncias também com relação ao número de empresas, sobretudo pela diversificação das atividades desenvolvidas, com diversas empresas atuando em mais de uma das atividades regulares desenvolvidas pelo setor, é com relação aos **vigilantes** que os números chamam mais atenção.

Nesse sentido, ao considerarem apenas os vigilantes que estão efetivamente em atuação, os dados levantados pela FENAVIST possivelmente representem uma estimativa mais realista com relação aos dados da Polícia Federal, que correspondem a todos os vigilantes cadastrados e capacitados a atuar, independentemente de estarem regularmente empregados.[59]

Os **principais pressupostos** da **ampliação do mercado de segurança** no contexto brasileiro seria uma **conjunção de fatores** tais como a **falência, ou crise de legitimidade do Estado**, dada por sua insuficiência na resolução de problemas relacionados à segurança, e pela **produção contemporânea do isolamento de parcelas significativas da população**, como aparecem em textos de diversos autores[60].

Para melhor compreendermos a **expansão da segurança privada no Brasil** levaremos em conta **três aspectos** que podem ser apontados como os **principais fatores impulsionadores da ampliação do mercado de segurança:**[61]

1) O crescimento da criminalidade (sobretudo a especialização do crime);
2) A percepção da violência e o aumento da insegurança; e
3) As mudanças na utilização do espaço urbano e circulação da população das grandes cidades.

---

[59] ZANETIC, André. A segurança privada no Brasil: alguns aspectos relativos às motivações, regulação e implicações sociais do setor. **Revista Brasileira Adolescência e Conflitualidade**, São Paulo, p.51-70, 2010.
[60] CALDEIRA, Teresa Pires do Rio. **Cidade de Muros** – Crime, segregação e cidadania em São Paulo. São Paulo: Ed. 34 / Edusp. 2000; KOWARICK, Lúcio. **Viver em Risco**: sobre a vulnerabilidade no Brasil urbano. São Paulo: Novos Estudos CEBRAP, n. 63, pp. 9-30, 2001.
[61] ZANETIC, André. **A questão da segurança privada**: estudo do marco regulatório dos serviços particulares de segurança. 2005. Dissertação (Mestrado em Ciência Política) - Faculdade de Filosofia, Letras e Ciências Humanas, Universidade de São Paulo, São Paulo, 2006. Disponível em: <https://teses.usp.br/teses/disponiveis/8/8131/tde-14062007-154033/publico/dissertacao.pdf>. Acesso em: 02 Ago 2023.

As últimas duas décadas do século XX constituem o período em que foi deflagrado um intenso **crescimento dos índices de criminalidade no Brasil**, caracterizado pela propagação endêmica dos homicídios e pelo aumento da violência nas ações criminosas. A taxa de homicídios por 100 mil habitantes cresceu 153% no período, saltando de 11,4 em 1980 para 28,9 em 2003.[62]

Além disso, o recrudescimento da violência, identificado pelos dados e vivenciado diariamente pelos cidadãos, geram na sociedade percepção aguçada sobre a evolução da criminalidade (**sentimento de insegurança**) e tem transformado o tema **violência e segurança** uma prioridade na agenda das políticas públicas, dividindo com a saúde, os primeiros lugares entre os problemas que mais afligem a população.[63]

Isso pode ser percebido em diversas **pesquisas de vitimização** e mostram que moradores de diferentes cidades e localidades do país **alteraram hábitos cotidianos em função do medo da violência**, deixando de sair de casa sozinhos ou após certo horário, de se relacionar com pessoas da vizinhança, não circulando em determinados bairros ou até mudando de residência ou escola.[64]

Por fim, além da preocupação diretamente relacionada ao crime, há outras evidências de **transformações sociais relacionadas com a expansão da segurança privada**, como a **ampliação dos espaços chamados semipúblicos** e **dos condomínios residenciais**, que criam demanda por provedores de serviços particulares de proteção. Ademais, verifica-se uma intensa especialização dos recursos e tecnologias de segurança utilizados nos centros industriais e comerciais, reformulando as tendências da segurança empresarial.

---

[62] Sistema de Informações de Mortalidade/DATASUS do Ministério da Saúde.
[63] Estimativas retiradas de pesquisas de opinião: CNT (diversas); Datafolha (04/08/2014).
[64] Ver, por exemplo, as pesquisas conduzidas por FIA/ILANUD (2002) e Instituto Futuro Brasil – IFTB (2003).

Além do crescimento acelerado das periferias urbanas em meio a uma grande precariedade estrutural dele decorrente, **desenvolveram-se nos grandes centros novos padrões de comércio, moradia, trabalho e lazer**, verificados no surgimento em larga escala dos **espaços privados abertos ao público**, como shopping centers, hipermercados, casas de apresentações e eventos diversos, universidades, estádios etc.

Como decorrência desses processos sociais e urbanos, a **segurança privada** vem atender as demandas sociais existentes e cada vez mais comuns no mundo contemporâneo, assumindo muitas localidades e funções complementares com a segurança pública.

O grande desenvolvimento, nas três últimas décadas, **da indústria da segurança privada** nos grandes centros urbanos, inclui tanto o **aumento da oferta por serviços de vigilância e monitoramento** quanto o **aperfeiçoamento** e **a popularização dos equipamentos eletrônicos**.

Desde o final dos anos 1970, e principalmente no início dos anos 1990, torna-se cada vez mais visível a presença dos **serviços particulares de segurança e vigilância no país**. Esse mesmo fenômeno pode ser percebido em outros países, a partir dos anos 1960, como Canadá, Inglaterra e sobretudo nos Estados Unidos, no qual, em 1975, **a segurança privada já excede os números da polícia pública.**[65]

A multiplicação de guaritas e vigias de ruas nos bairros das grandes cidades, a adoção de equipamentos de proteção em residências e em veículos – cercas elétricas, câmeras de vídeo, porteiros eletrônicos e blindagem –, a utilização dos serviços de ronda motorizada, a vasta propaganda publicitária de empresas e de cursos voltados a seus profissionais, além da realização de feiras internacionais e publicação de revistas especializadas nesse tema indicavam o quanto esse mercado ganhava espaço nas grandes cidades.

---

[65] SHEARING, Clifford D.; STENNING, Philip C. *Private Security: Implications for social control. Social Problems*, v. 30, n. 5, p. 493-506, jun. 1983 e BAYLEY, David; SHEARING, Clifford. *The future of policing. Law and Society Review*, v. 30, n. 3, p. 585-606, June 1996.

Passaremos, agora, a análise dos números do mercado de segurança privada.

2.1.3. Números do Mercado de Segurança Privada

Olhando sob o aspecto do **valor da segurança**, os EUA, a nação mais rica do mundo, têm um **orçamento para a segurança de 18,79% do PIB**, segundo o "*Board Portal w.added security*", motivado pela importância da segurança em relação aos demais elementos orçamentários. De acordo com o pensamento americano, gasta-se muito, mas é compensador. Portanto, o ensinamento é que a **segurança não deve ter preço, mas valor**.

O maior tomador de serviços de segurança privada, em nossos país, continua sendo a Administração Pública. A contratação permanece concentrada no preço e não a sua necessidade, e por isso muitos correm para o seguro e se distanciam da segurança patrimonial, o que leva o segmento para um futuro incerto. O mercado privado já adotou esse mesmo procedimento, e o setor bancário está criando empresas próprias para atender a sua demanda.[66]

Outro aspecto que deve ser levado em consideração é a **tecnologia** que se mostra a cada instante mais presente na atividade. Entretanto, por mais intensa que seja, ainda necessita da presença ostensiva e respostas em prazos cada vez mais rápidos. O maior dos problemas é que o produto de venda dessas empresas de segurança é único, apenas **vigilância**, e ainda dependem da aprovação do **Estatuto da Segurança Privada** para que se **regulamentem as novas tecnologias** e estas possam ser absorvidas pelas empresas do segmento, restando a expectativa da **nova Lei sobre a Vigilância**, que abrangerá novos nichos de mercado.

---

[66] EVERTON, Antônio; CARNEIRO, Catarina. FENAVIST. **VI ESSEG**: Estudo do Setor de Segurança Privada. Brasília-DF, 2019. Disponível em: < https://fenavist.org.br/wp-content/uploads/2019/07/ESSEG-19_WEB1.pdf>. Acesso em: 02 Ago 2023.

As empresas que exercem a atividade de vigilância estão **presentes em todas as unidades federativas do País.** Enquanto, na atividade de **transporte de valores**, as empresas **concentram-se em algumas capitais** e, nos demais estados, constam apenas suas filiais.

Ao comparar o **crescimento do número de empresas no setor de segurança privada em 2018 com o do ano anterior**, nota-se uma **expansão de cerca de 2,6% no número de empresas.** Já, na comparação com o período de 2014 a 2018, nota-se uma expansão no número de empresas ainda maior, cerca de 5,7%.[67]

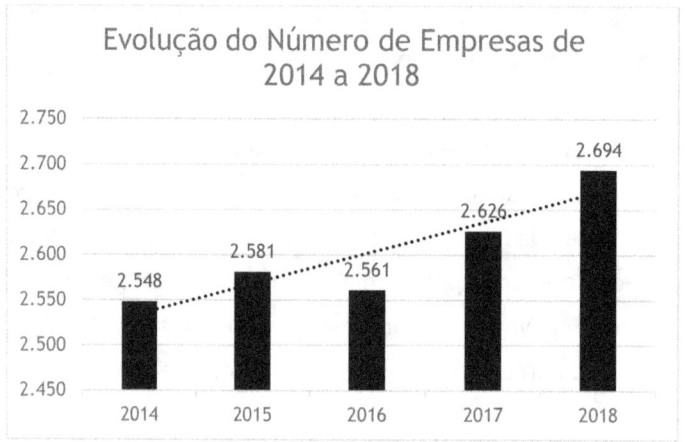

Evolução do Número de Empresas de 2014 a 2018

Fonte: Polícia Federal
Elaboração: Departamento de Estatística da FENAVIST (DEF)

Assim como nas demais atividades de prestação de serviços, **o número de trabalhadores** é um forte indicador do modo como a atividade está naquele momento, ou seja, se há diminuição no número de trabalhadores em atividade, isso significa que o setor também passa por dificuldades.

No período de 2014 a 2018 houve uma **diminuição do número de trabalhadores** de cerca de 91,7 mil ou 15,4%. Aqui vale o destaque de que a economia entrou em recessão econômica em 2015 e saiu apenas em 2018, ou seja, três anos de recessão que afetaram diretamente o setor de segurança

[67] EVERTON, Antônio; CARNEIRO, Catarina. FENAVIST. **VI ESSEG**: Estudo do Setor de Segurança Privada. Brasília-DF, 2019. Disponível em: < https://fenavist.org.br/wp-content/uploads/2019/07/ESSEG-19_WEB1.pdf>. Acesso em: 02 Ago 2023.

privada. Sendo assim, considerando a leve recuperação da economia em 2018, o setor fechou o ano com cerca de **553,9 mil trabalhadores**. Comparando-se com o ano de 2017, **houve um pequeno crescimento de 0,98% no número de trabalhadores.**[68]

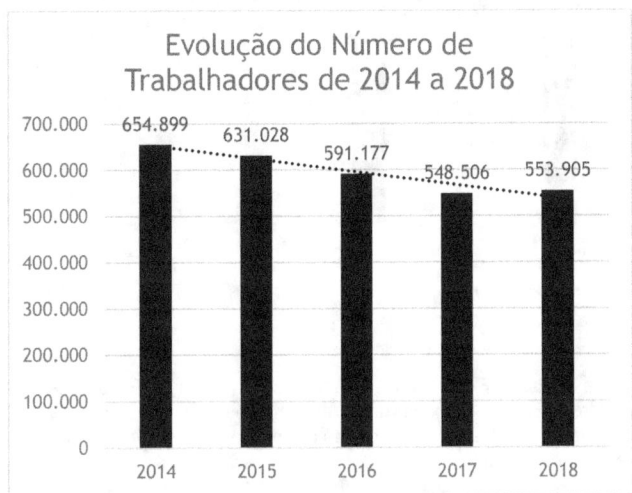

Fonte: Ministério da Economia (ME)/Rais e CAGED
Elaboração: Departamento de Estatística da FENAVIST (DEF)

Uma **análise do segmento da segurança privada desde 2017** constata que vários dos números da atividade continuam **estagnados**, sendo que as maiores variações são, com raras exceções, para baixo.[69]

Verifica-se, da análise da **quantidade de vigilantes com vínculos ativos no Brasil no período de 2021 a 2023**, ou seja, pós-pandemia, um **decréscimo dos postos de trabalho**, conforme percebe-se no gráfico abaixo:

---

[68] EVERTON, Antônio; CARNEIRO, Catarina. FENAVIST. **VI ESSEG**: Estudo do Setor de Segurança Privada. Brasília-DF, 2019. Disponível em: < https://fenavist.org.br/wp-content/uploads/2019/07/ESSEG-19_WEB1.pdf>. Acesso em: 02 Ago 2023.
[69] FÓRUM BRASILEIRO DE SEGURANÇA PÚBLICA. **17º Anuário Brasileiro de Segurança Pública**. São Paulo: Fórum Brasileiro de Segurança Pública, 2023. Disponível em: <https://forumseguranca.org.br/wp-content/uploads/2023/07/anuario-2023.pdf>. Acesso em: 02 Ago 2023.

Fonte: Fonte: Departamento de Polícia Federal; Federação Nacional das Empresas de Segurança e Transporte de Valores (FENAVIST); Fórum Brasileiro de Segurança Pública. (1) Para os anos de 2021 e 2022, os dados correspondem ao mês de março de cada ano. A posição dos dados para 2023 se refere ao mês de junho.

Fazendo uma comparação rápida, **de 2017 a 2023 não houve crescimento do número de empresas autorizadas a funcionar no país**. Em 2017 o setor contava com 4.801 empresas autorizadas pela Polícia Federal, e **até junho deste ano são 4.804 empresas em funcionamento**.[70]

Mesmo com os esforços de todos os empresários, superando inclusive dois anos de uma pandemia que assolou a economia mundial, os dados demonstram que, em um cenário de economia praticamente sem crescimento no país, **o setor da segurança privada decresce de forma vertiginosa**.[71]

No último ano, 2022, no pós-pandemia, o incremento foi de apenas 2,34% em relação a 2021. Eram **4.694 empresas em funcionamento em 2022 e 3.625 em 2021**. É importante destacar que, devido à pandemia, entre os anos de 2020 e 2021 muitos prazos da Polícia Federal, como o de renovação da autorização de funcionamento, foram estendidos, o que pode ter gerado alguma discrepância em relação aos outros anos. [72]

---

[70] Ibidem.
[71] Ibidem.
[72] Ibidem.

De acordo com a Polícia Federal, **existem hoje 2.963 empresas especializadas na prestação do serviço de segurança privada e outras 1.841 empresas orgânicas**, ou seja, aquelas que podem, com autorização da Polícia Federal, executar a sua própria segurança. [73]

Dados da Polícia Federal mostram ainda que, **entre 2017 e 2023, houve uma queda de 99.433 no número de vigilantes empregados no Brasil, uma redução de cerca de 17% em todo o período. Em 2017, 584.506 profissionais atuavam nas empresas de segurança privada.** No primeiro semestre deste ano, o efetivo chegou a **485.073, registrando uma queda de 2,2%, totalizando uma perda de 10.916 postos de trabalho.** A grande maioria dos vigilantes, 464.060, está empregada nas empresas especializadas. O restante, 21.013, nas empresas orgânicas.[74]

Outro dado que corrobora a **estagnação dos indicadores da segurança privada** diz respeito ao **faturamento das empresas**, que inclui não apenas lucro, mas também todas as despesas. Apesar de não ser possível fazer a estimativa de 2022 por falta de acesso aos dados atualizados do IBGE, a consultoria econômica da Federação Nacional das Empresas de Segurança e Transporte de Valores (FENAVIST) estimou, **em 2021, um faturamento da ordem de R$ 36,3 bilhões, bem próximo ao que tem sido registrado desde 2018.**[75]

Com relação à **segurança privada na Europa**, os números globais dos 34 países na Europa pesquisados são aproximadamente: **44,8 mil empresas, 1,9 milhão de vigilantes e 40,620 bilhões de euros.** Como estão sendo analisados os 20 países com maior faturamento, temos cerca de: 36,9 mil empresas, 1,8 milhão de vigilantes e 38,882 bilhões de euros de faturamento.

---

[73] Ibidem.
[74] Ibidem.
[75] Ibidem.

Respectivamente, esses 20 países representam 82,4%, 91,1% e 95,7% do total global de empresas, vigilantes e faturamento na Europa.[76]

2.2. Segurança Privada: conceitos e funções

Nesse tópico aprenderemos os principais conceitos e funções sobre a segurança privada.

Veremos a dificuldade de se se fazer uma conceituação precisa de policiamento, por sua similitude com polícia e controle social; veremos as diferenças entre policialmente público e privado suas características.

Em seguida, passaremos ao estudo da polícia e segurança privada, ressaltando a dificuldade em se estabelecer de forma precisa o setor da segurança privada do setor das polícias.

Estudaremos a interrelação entre segurança pública e privada, destacando a dificuldade da interface entre esses dois setores, quando há necessidade de interação entre eles, face a ausência de normas legais sobre o tema.

Por fim, conheceremos as atividades abrangidas pela segurança privada, suas funções e normativos legais.

2.2.1. Policiamento: Conceitos e Características

O **conceito de policiamento**, em sua concepção moderna, só se estabeleceu de forma sólida muito recentemente na história, a partir do **processo de centralização das forças destinadas à segurança nas mãos do Estado**, que

---

[76] EVERTON, Antônio; CARNEIRO, Catarina. FENAVIST. **VI ESSEG**: Estudo do Setor de Segurança Privada. Brasília-DF, 2019. Disponível em: < https://fenavist.org.br/wp-content/uploads/2019/07/ESSEG-19_WEB1.pdf>. Acesso em: 02 Ago 2023.

ganhou corpo no século XIX, tendo como marco a constituição da Nova Polícia na Inglaterra em 1829[77] .

Foi só a partir desse momento que o termo **policiamento** passou a estar associado a um **tipo de atividade específica** e a **uma instituição em particular** (a "polícia"), designada a partir de então como o **corpo de funcionários voltado às tarefas de proteção do Estado, suas instituições, seus cidadãos e à manutenção da ordem pública**, sendo diferenciada das demais atividades desenvolvidas por agentes do Estado pelas suas especificidades, entre as quais a **capacidade de aplicação do uso da força como atributo exclusivo** para a **garantia da ordem social** nas comunidades.[78]

As noções quanto aos termos **polícia** e **policiamento** se fortaleceram no mundo a partir de então, alinhavadas à própria concepção de **Estado Moderno** que lhes davam sustentação.

A partir de meados dos anos 1970, entretanto, uma **crescente atenção** passou a ser dada à **emergência e rápida expansão dos serviços de segurança privada**, bem como aos **demais corpos de agentes estatais voltados à provisão da segurança, mas que não fazem parte da agência de oficiais da polícia**, e as **diversas agências de investigação e investigadores privados** que também compõem o rol de agentes de segurança em diversos países.[79]

A inclusão da **segurança privada** e dos **demais corpos de agentes de segurança** tornou **bastante problemática a definição de policiamento**, uma vez que **ampliar o conceito** a ponto de incluir todos os agentes e organizações que atuam na promoção da segurança e manutenção da ordem tornaria o

---

[77] Até este momento, desde seu sentido primeiro, policiamento se referia à governança das cidades e dos Estados, e, de uma forma ampla, a regulação social e administração de uma dada comunidade. Ainda que o significado dos termos polícia e policiamento tenham se transformado ao longo do tempo, a visão generalizada sobre a atividade de policiamento referia-se, ainda no século XVIII, "unicamente ao ramo que o cidadão atual chamaria de administração geral" (MONET, Jean-Claude. **Polícias e sociedades na Europa**. São Paulo: Edusp, 2001. (Polícia e Sociedade, 3), p.21.)

[78] ZANETIC, André. Policiamento e segurança privada: duas notas conceituais. **Estudos de Sociologia**, Araraquara, v. 17, n. 33, 2012. Disponível em: <https://periodicos.fclar.unesp.br/estudos/article/view/5425>. Acesso em: 4 Ago 2023.

[79] Ibidem.

conceito de policiamento muito pouco definido e explicativo, confundindo-se também com o **difuso conceito de controle social**, que se refere virtualmente a todas as atividades que de alguma forma contribuem para a **ordem social** de uma dada comunidade (o que inclui parentes, escolas, grupos de jovens, mídia, igrejas e uma infinidade de outras entidades correlatas).

Ao mesmo tempo, **a manutenção do uso da noção restrita de policiamento**, caracterizado apenas pelas atividades desenvolvidas pelas **polícias**, significaria a manutenção de um **reducionismo conceitual** que desconsideraria a ampla diversidade de corpos e agentes que em realidade desenvolvem esta atividade.

Tendo por base essas dificuldades e a necessidade de **definição de um conceito mais preciso** para identificar esse conjunto de atividades, **o conceito de policiamento** a que estamos aqui nos referindo resume-se a: **uma forma particular de controle, alicerçada por atributos específicos de sistemas de vigilância e ameaças de sanção, e conduzido por uma ampla variedade de diferentes corpos e agentes que possuem como a sua principal atividade a manutenção da ordem e a promoção da segurança.**[80]

Ainda que mais restrito do que o genérico e vago conceito de controle social, o **policiamento** é, no entanto, **uma categoria mais abrangente do que as atividades desempenhadas pelas forças estatais de segurança**, e da qual fazem parte tanto o **policiamento privado** como o **policiamento público**.

Dessa forma, o que estamos aqui chamando de **policiamento** pode ser entendido em **sentido amplo** o suficiente para **não ser confundido com o termo polícia** (a qual estamos considerando como especificamente o corpo de indivíduos contratados pelo Estado para funções específicas de manutenção da ordem através da aplicação do uso da força), e **restrito** o suficiente para **não**

---

[80] A noção de policiamento aqui apresentada é inspirada nos escritos de Button (2002), Jones e Newburn (1998), Reiner (2004).

abarcar o vasto e difuso conceito de controle social, dentro do qual o policiamento constitui apenas um aspecto.[81]

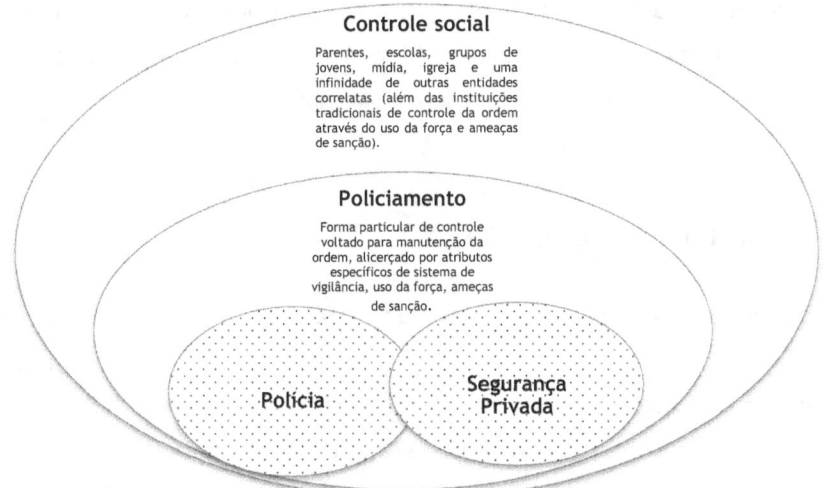

Fonte: Adaptado de: Button (2002), Jones e Newburn (1998) e Reiner (2004).

Nesse contexto, o **policiamento privado** se configura numa **atividade de controle social** bastante distinta do **policiamento público**. Do ponto de vista de suas **características mais gerais**, o policiamento privado se diferencia do policiamento público de maneira mais marcante pelo menos em **três aspectos:**

1) No tipo de contrato no qual se baseia;
2) No tipo de mentalidade e práticas que mobiliza; e
3) No grau de especialização que possui.

Diferentemente da **polícia**, orientada pela ideia do **"contrato social"**, organizações de **policiamento privado** agem sob o modo do mandado do **contrato privado**.[82] Ao invés de servir ao interesse público, que fundamenta as atividades da polícia, as organizações de **policiamento privado** existem essencialmente para servir aos interesses daqueles que as empregam.

---

[81] ZANETIC, André. Policiamento e segurança privada: duas notas conceituais. **Estudos de Sociologia**, Araraquara, v. 17, n. 33, 2012. Disponível em: <https://periodicos.fclar.unesp.br/estudos/article/view/5425>. Acesso em: 4 Ago. 2023.
[82] OCQUETEAU, Frédéric. A expansão da segurança privada na França: privatização submissa da ação policial ou melhor gestão da segurança coletiva? **Tempo Social – Revista de Sociologia da USP**, v. 9, n. 1, pp. 485-195, Mai 1997.

Este foco no cliente tem implicações sobre a mentalidade e práticas das organizações e agentes de policiamento privado, que diferem da mentalidade e práticas da polícia por serem mais instrumentais e mais preventivas do que morais ou repressivas, e também menos especializadas.

2.2.2. Polícia e Segurança Privada

Além de diferenciar e delimitar o **setor da segurança privada** do **setor das polícias** tal qual os estamos apresentando, é importante observarmos a **dificuldade existente em se estabelecer de forma precisa esta delimitação**, que não se relaciona apenas a suas **distinções** em termos de **natureza** (se pública ou privada), mas também em termos de **status** e das **práticas que desenvolvem**.[83]

A discussão já provém de algumas décadas: no cenário norte-americano, inicialmente a distinção entre as forças recaiu de fato sobre o aspecto de a **força** ser **pública** ou **privada**. Dentro disso cabe destacar a distinção entre **público** e privado **descrita** por David Bayley para diferenciar os **dois tipos de policiamento:** o público e o privado seriam diferenciados especificamente pelo **apoio (financeiro) dado ou não**, pela comunidade, ao serviço que ela própria autoriza.[84]

Assim, a **polícia** é **pública** quando **paga e dirigida pela comunidade** (que a autoriza), e "[...] é **privada** se a comunidade que a autoriza **não paga por ela nem a direciona**"[85]. Nos termos de Button[86], que se posiciona de forma similar em relação a esse ponto, o que define público e privado em relação ao policiamento é exatamente o **setor ao qual as organizações pertencem**: se

---

[83] ZANETIC, André. Policiamento e segurança privada: duas notas conceituais. **Estudos de Sociologia**, Araraquara, v. 17, n. 33, 2012. Disponível em: <https://periodicos.fclar.unesp.br/estudos/article/view/5425>. Acesso em: 4 Ago. 2023.
[84] Ibidem.
[85] BAYLEY, David. H. **Padrões de policiamento**: uma análise internacional comparativa. São Paulo: Edusp, 2001. (Polícia e Sociedade, 1), p. 39.
[86] BUTTON, Mark. **Private policing. Portland:** William Publishing, 2002, p. 8.

são parte do governo e sustentadas através de impostos, são **públicas**; se providas por companhias por meio de pagamento direto, **privadas**.

Posteriormente outros estabeleceram que a **questão central** seria **se o organismo possui poder de polícia** (poder de prender).

Outro ponto é que **muitos organismos públicos que não pertencem às agências policiais**, em muitos países, **exercem plenamente as funções policiais**, como é o caso da segurança feita em prédios públicos, no transporte público, distritos escolares, em praças e parques, universidades, linhas ferroviárias e estações portuárias.

Estes agentes usam o título de **polícia** e **têm o poder de prender** (poder que pode ser exercido localmente ou que pode abranger qualquer localidade, dependendo do contexto e do país em que a atividade é desenvolvida).

Em realidade, **apesar de não serem parte do corpo policial e não terem as mesmas responsabilidades, atribuições e treinamento que os policiais**, esses profissionais **são pagos pelo Estado** e **desenvolvem funções que por vezes muito se aproximam das desempenhadas pelos policiais** e, por outro, **são muito próximas também das atividades desempenhadas pelos agentes de segurança privada**.

De uma forma geral, vemos que, **apesar de haver muitas intersecções entre a atuação das forças públicas e privadas de segurança**, a **segurança privada** é dirigida para os **interesses privados** do contratante e tem **caráter mais preventivo** do que as forças públicas, que são dirigidas para o interesse público, sendo responsáveis pela apreensão de criminosos e pela resposta a atendimentos do público, orientando-se de acordo com o sistema de justiça criminal. Ambas as forças, entretanto, **possuem uma interação cotidiana** que se faz necessária pela prática de suas funções, o que as podem tornar, em relação a essas suas funções e atribuições, **suplementares** (quando atuam em uma mesma área), **complementares** (quando atuam em áreas distintas), parceiras, e mesmo antagônicas.[87]

Conclui-se, portanto, que os campos da **polícia** e da **segurança privada** adquiriram um grande grau de **pluralidade, dividindo atualmente muitas das tarefas de prevenção e controle do crime**, tornando inclusive **difícil diferenciá-las** (e diferenciar o público do privado) na provisão desses serviços.

Ainda assim, é possível estabelecer uma tipologia capaz de demarcar, em linhas gerais as distinções e convergências entre elas, por meio da qual podemos ver que **algumas tarefas são (ainda) consideravelmente demarcadas entre ambas as esferas**, assim como também da esfera – menos frequente, mas também presente – do setor que consideramos como **estatal, porém não-policial**.

Um estudo consistente sobre a questão da **segurança privada** deve, portanto, ter em consideração esta **vasta pluralidade** e considerar as **especificidades dos diversos campos** no desenvolvimento da abordagem analítica, que certamente traz perspectivas bastante distintas entre elas nos diferentes temas de observação que estas sugerem.[88]

Passaremos, agora, para o estudo da interrelação entre segurança pública e privada.

2.2.3. Interrelação entre Segurança Pública e Privada

Não obstante a **regulação** estar a cargo da Polícia Federal, **as principais preocupações sobre a interrelação segurança privada e segurança pública**, na atuação cotidiana destas forças em suas tarefas de prevenção e controle da criminalidade, dizem respeito à **interação com as forças estaduais**, uma vez

---

[87] ZANETIC, André. Policiamento e segurança privada: duas notas conceituais. **Estudos de Sociologia**, Araraquara, v. 17, n. 33, 2012. Disponível em: <https://periodicos.fclar.unesp.br/estudos/article/view/5425>. Acesso em: 4 Ago. 2023.
[88] Ibidem.

que, de acordo com o parágrafo 144 da Constituição Federal, as tarefas de policiamento ostensivo, judiciário, apuração de infrações penais e preservação da ordem pública, no interior dos Estados, competem às **Polícias Militares e Civis estaduais.**

No entanto, se as delimitações dos segmentos, a definição de atividades e equipamentos de que a **segurança privada** pode fazer uso, as áreas permitidas para atuação e toda uma série de instruções normativas relativas ao setor fazem parte atualmente do **ordenamento jurídico**, o mesmo não se pode dizer sobre a interface entre os setores **quando há necessidade de interação entre eles.**

Não existe nenhuma norma clara que regule a troca de informações, o atendimento da polícia a chamados realizados pelos agentes de segurança, os procedimentos com relação ao aprisionamento, o atendimento a alarmes ou formas complementares de cooperação.

Outra questão importante é a **influência** que a atuação da **segurança privada** pode ter na **produção das estatísticas oficiais**, uma vez que, nos estabelecimentos em que atuam, os **vigilantes** são os primeiros a terem acesso à **informação** sobre as ocorrências na área em que exercem a vigilância.[89]

A legislação não define nem dá nenhuma orientação específica com relação à **produção de registros de crimes ocorridos nos estabelecimentos policiados privadamente**, o que significa que a decisão em registrar ou não uma ocorrência em uma delegacia é a mesma que qualquer cidadão possui. [90]

A única norma existente sobre a segurança privada que versa diretamente sobre esta obrigatoriedade diz respeito à comunicação que deve ser feita à Polícia Federal no caso de ocorrências de furto, roubo, perda, extravio ou recuperação das armas, munições ou coletes à prova de balas **de propriedade da empresa**

---

[89] ZANETIC, André. Segurança privada: características do setor e impacto sobre o policiamento. **Revista Brasileira de Segurança Pública**, v. 3, n. 1, 2009. Disponível em: <https://revista.forumseguranca.org.br/index.php/rbsp/article/view/44>. Acesso em: 5 Ago. 2023.
[90] Ibidem.

especializada ou da empresa que possua serviço orgânico de segurança (que deverá ser encaminhada à Delesp ou à Comissão de Vistoria, juntamente com a uma cópia do boletim de ocorrência e do registro da arma).1

Da mesma maneira, pouco se sabe sobre as **formas de cooperação** entre as forças públicas e as privadas, e **que eficácia elas possam ter**. Atualmente, não apenas a presença dos vigilantes e seus instrumentos próprios utilizados durante o trabalho, mas toda uma **estrutura tecnológica** em franca evolução, que compõe o universo do **policiamento privado**, pode tornar-se **fonte de informação intercambiável entre os setores**, facilitando suas tarefas de prevenção, controle e investigação do crime. [91]

Por fim, outro ponto controverso relaciona-se ao **controle que o público exerce sobre os serviços prestados pelas empresas de segurança** (ou pelas próprias empresas, no caso de segurança orgânica), bem como nos casos de **violações e abusos cometidos pelos agentes de segurança** nos estabelecimentos em que atuam.

Nesse sentido, é importante comparar as formas de controle do público sobre as ações de segurança desempenhadas nestes espaços com aquelas em relação ao policiamento público, para se saber o que muda, neste aspecto, com a emergência da segurança privada atuando no policiamento.

Dessa forma, ressalta-se que a **segurança pública** é **complementada** pela **segurança privada**; e a esta só interessa uma segurança pública plena, efetiva, pois dela depende, com ela interage e jamais concorre.

David Bayley, autor que tem um extenso trabalho sobre policiamento afirma que "(...) o **aumento do crime** pode, na verdade, contribuir para o **fortalecimento do policiamento privado se o público aparenta não ser suficientemente eficaz**. O vigilantismo nos Estados Unidos no século dezenove é um exemplo

---

[91] Ibidem.

disso, assim como o impressionante aumento do **policiamento privado** em todos os países industriais desde meados de 1960."[92]

Numa sociedade marcada por **iniciativas privadas para a resolução de questões públicas**, a **segurança privada** surge como a "**solução**" rápida para **suprir o serviço público ineficiente** sem, no entanto, se preocupar que essa solução acaba por agravar a própria crise de legitimidade desse Estado.

Em suma, a **segurança privada** guarda **simbiose** e **gradação direta** com a **segurança pública**; dessa forma, se esta vai mal, aquela também; este é o risco.

2.2.4. Atividades abrangidas por a segurança privada

As atividades de segurança privada sofreram em 2023 alteração, passando a ser reguladas por meio da Portaria nº 18.045/PF, de 17 de abril de 2023. São autorizadas, controladas e fiscalizadas pela Polícia Federal e complementares às atividades de segurança pública nos termos da legislação específica.

A política de segurança privada envolve a administração pública e as classes patronal e laboral, observados os **seguintes objetivos**:
1. dignidade da pessoa humana;
2. segurança dos cidadãos;
3. prevenção de eventos danosos e diminuição de seus efeitos;
4. aprimoramento técnico dos vigilantes; e
5. estímulo ao crescimento das empresas que atuam no setor de segurança privada.

São **consideradas atividades de segurança privada**:

---

[92] BAYLEY, David. H. **Padrões de policiamento**: uma análise internacional comparativa. São Paulo: Edusp, 2001. (Polícia e Sociedade, 1), p. 48.

a) **Vigilância patrimonial:** atividade exercida em eventos sociais ou dentro de estabelecimentos urbanos ou rurais, públicos ou privados, com a finalidade de garantir a incolumidade física das pessoas e a integridade do patrimônio;

Atua em bancos, organizações comerciais e industriais diversas, órgãos públicos, condomínios fechados, prédios ou residências, *shopping centers*, estádios de futebol, centros de exposições, casas de eventos e espetáculos diversos, cinemas, bares, restaurantes etc.

b) **Transporte de valores:** atividade de transporte de numerário, bens ou valores, mediante a utilização de veículos, comuns ou especiais, incluída a guarda e custódia temporária, pelo tempo estritamente necessário para a execução da atividade-fim de transporte. Atua em bancos e instituições financeiras.

c) **Escolta armada:** atividade que visa garantir o transporte de qualquer tipo de carga ou de valor, incluindo o retorno da equipe com o respectivo armamento e demais equipamentos, com os pernoites estritamente necessários.

Atua nas seguintes áreas: veículos de cargas, empresários, executivos, políticos, outros.

d) **Segurança pessoal:** atividade de vigilância exercida com a finalidade de garantir a incolumidade física de pessoas, incluindo o retorno do vigilante com o respectivo armamento e demais equipamentos, com os pernoites estritamente necessários.

Atua na proteção de empresários, executivos, políticos, pessoas famosas, outros.

Para efeitos do entendimento dessas atividades, serão utilizadas as seguintes terminologias:

Curso de Formação: Empresa especializada que tem por finalidade formar, especializar e reciclar os vigilantes. O objeto social da empresa deverá estar relacionado, somente, às atividades de curso de formação. Atende empresas de segurança e profissionais de segurança privada e pública.

Empresa especializada: pessoa jurídica de direito privado autorizada a exercer as atividades de vigilância patrimonial, de transporte de valores, de escolta armada, de segurança pessoal e de cursos de formação;

Empresa possuidora de serviço orgânico de segurança: pessoa jurídica de direito privado autorizada a constituir um setor próprio de vigilância patrimonial ou de transporte de valores que utilizem pessoal de quadro funcional próprio (constituindo seu próprio organismo de segurança), para execução dessas atividades, ficam obrigadas ao cumprimento do disposto nesta lei e demais legislações pertinentes., nos termos do § 4º do art. 10 da Lei nº 7.102, de 20 de junho de 1983[93];

Atua na área de bancos, organizações comerciais e industriais diversas, condomínios residenciais e empresariais, *shopping centers* etc.

Vigilante: profissional capacitado em curso de formação, empregado de empresa especializada ou de empresa possuidora de serviço orgânico de segurança, registrado na Polícia Federal, e responsável pela execução de atividades de segurança privada;

Profissional de segurança privada: todo e qualquer profissional que exerça função no contexto da segurança privada, que não seja o vigilante;

Plano de Segurança: documentação das informações que detalham os elementos e as condições de segurança dos estabelecimentos referidos acima;

---

[93] Parágrafo 1º do artigo 10 da Lei 7.012 – Qualquer empresa poderá ter vigilantes próprios em seu quadro, desde que assim como as empresas especializadas em segurança, sigam todos os requisitos da legislação

Movimentação de numerário: conduta específica e direta de qualquer funcionário de instituição financeira ou de empresa de transporte de valores que envolva o manuseio ou a posse temporária de papel moeda decorrente da prestação de serviços dos estabelecimentos financeiros;

Guarda de valores: manutenção de numerário ou objeto de valor de terceiro em cofre e/ou em dependência específica da área interna de estabelecimento financeiro, em razão das atividades bancárias previstas em lei; e

Vistoria remota: inspeção realizada de forma remota mediante o emprego de equipamento eletrônico apto a permitir a conferência de instalações físicas, pessoas e equipamentos, inclusive por meio da realização de testes e entrevistas.

2.3. Sistemas de Segurança Privada

Nesse tópico conheceremos os sistemas de segurança privada, suas características gerais, o vigilante como agente de segurança e o controle e fiscalização da segurança privada.

Aprenderemos que importantes mudanças estão ocorrendo atualmente na atividade que chamamos de policiamento, com a expansão dos serviços de segurança privada. Veremos que os vigilantes possuem características mais preventivas, voltadas ao controle de acesso, em comparação com as forças de segurança pública.

Estudaremos sobre a profissão de vigilante, os requisitos para o seu exercício, os tipos de curso de formação, extensão e reciclagem, a Carteira Nacional De Vigilante e seus direitos e deveres, além da jurisprudência dos tribunais superiores relacionadas a essa profissão.

2.3.1. Características Gerais dos Sistemas de Segurança Privada

Entre as **importantes mudanças** que estão ocorrendo atualmente na atividade que chamamos **policiamento**[94], a **expansão dos serviços de segurança privada** e **sua presença nos mais diferentes contextos** estão entre as mais marcantes, sobretudo pela grande dimensão que marca a evolução e a composição do setor atualmente, com **o número de vigilantes privados tendo superado o de policiais em diversos países.**[95]

Cabe também ressaltar que, embora haja uma clara distinção entre a **polícia** e as **forças privadas** que exercem policiamento, verificada em termos tanto dos poderes conferidos aos policiais (como por exemplo, o poder de prender) quanto das "vocações" das duas forças – **vigilantes** possuem **características** mais **preventivas** e voltadas ao **controle e regulação de acesso**, com seus **objetivos definidos pelo contratante** e seus **interesses privados.**

Enquanto a **polícia** tem perfil mais **repressivo** e **punitivo**, voltada ao estabelecimento da **ordem pública** através da **aplicação da lei**, sendo orientada com base no **interesse público** pelo **sistema de justiça criminal** –, há uma importante tensão no sentido de ampliação do campo de ação dos agentes privados sobre a esfera de atuação da polícia, criando zonas por vezes

---

[94] O que estamos chamando de **policiamento** pode ser entendido em **sentido amplo** o suficiente para não ser confundido com **polícia** (aqui considerada especificamente o corpo de indivíduos uniformizados e contratados pelo Estado para funções específicas de manutenção da ordem através da aplicação do uso da força) e **restrito** o bastante para não abarcar o vasto e difuso conceito de **controle social**, dentro do qual o **policiamento** constitui apenas um aspecto. Enquanto o **controle social** refere-se virtualmente a todas as atividades que, de alguma forma, contribuem para a ordem social de uma dada comunidade (o que inclui parentes, escolas, grupos de jovens, mídia, igrejas e uma infinidade de outras entidades correlatas), o **policiamento** resume-se a uma forma particular de controle voltado para esta manutenção da ordem, alicerçado por atributos específicos de sistemas de vigilância e ameaças de sanção, e conduzido por uma ampla variedade de diferentes corpos e agentes. Ainda que mais restrito do que o genérico conceito de **controle social**, o **policiamento** é, no entanto, uma categoria mais abrangente do que as atividades desempenhadas pelas forças estatais de segurança, e da qual fazem parte tanto o **policiamento privado como o público.** (ZANETIC, André. Segurança privada: características do setor e impacto sobre o policiamento. **Revista Brasileira de Segurança Pública**, São Paulo, ano 3, ed. 4, 2009. Disponível em: <https://www.researchgate.net/publication/342944960_Seguranca_privada_caracteristicas_do_setor_e_impacto_sobre_o_policiamento>. Acesso em: 05 Ago 2023.)

[95] No Brasil, o efetivo da segurança pública é maior do que da segurança privada. O efetivo da segurança pública brasileira é de 682.279 policiais e, contando os não policiais (como as guardas municipais), um total de 764.419, enquanto na segurança privada, o número oficial de vigilantes ativos é de 485.073.

pouco definidas de distinção entre os dois setores. Quanto a esse ponto, os contornos atuais são bastante incertos, não havendo consenso entre os especialistas.[96]

Nesse sentido, a **segurança e proteção dos indivíduos e das propriedades** decorre de um **sistema organizado de serviços** dos setores públicos e privados e de **barreiras** às invasões e agressões. O **policiamento público** atua nas ocorrências **exercendo a força** contra indivíduos e nas **investigações policiais**.

Serviços de segurança privados incluem, de maneira geral, **barreiras físicas, eletrônicas, equipamentos e recursos humanos** para a defesa do patrimônio e dos **interesses do demandante**, seguindo as normas e procedimentos por eles estabelecidos e dentro dos limites de seu direito de propriedade, conferindo um **uso limitado da força** nos crimes contra pessoas e patrimônios.[97]

Um **sistema de segurança privado** tem por **objetivo** restringir, controlar e monitorar **acessos** a pessoas e patrimônios, com ou sem interação com o **sistema público**.

Além do **policiamento público**, como mostra a Figura 1, os **recursos humanos** contratados direta ou indiretamente pelos **sistemas privados** têm por **objetivo** atuar principalmente na **prevenção** de **crimes contra patrimônio e pessoas**. Nesse sentido, o **policiamento público** tem atuação preponderante nas ocorrências em que o **uso da força se faz necessário** ou em situações em que **o registro de crimes implica em investigação policial de crime**.

[96] ZANETIC, André. Segurança privada: características do setor e impacto sobre o policiamento. **Revista Brasileira de Segurança Pública**, São Paulo, ano 3, ed. 4, 2009. Disponível em: <https://www.researchgate.net/publication/342944960_Seguranca_privada_caracteristicas_do_setor_e_impacto_o_policiamento>. Acesso em: 05 Ago 2023.
[97] OLIVEIRA, Aryeverton Fortes de. **Empresas de vigilância no sistema de prestação de serviços de segurança patrimonial privada**: uma avaliação da estrutura de governança, 2004. Tese (Doutorado) – Escola Superior de Agricultura "Luiz de Queiroz", Universidade de São Paulo, Piracicaba-SP, 2004.

Figura 1 – Componentes de sistemas de segurança privada[98]

Fonte: OLIVEIRA, 2004

Uma **característica** do sistema que merece destaque é o **impedimento e controle de acesso às propriedades**. As **barreiras físicas** geralmente são as principais responsáveis pelo **impedimento de acesso** às propriedades, podendo ser sua efetividade potencializada com o emprego conjunto com **sistemas eletrônicos de detecção de invasões** e com **emprego de vigilantes**. O **impedimento de acesso** pode ser utilizado tanto para a segurança de propriedades públicas quanto privadas.

Estabelecidas as **barreiras físicas**, cabe ao **sistema de segurança** cuidar de um **segundo aspecto funcional**: o **controle de pontos de acesso** e **monitoramento do fluxo de pessoas**.[99]

Agências bancárias, *shopping centers*, grandes lojas de departamento e supermercados são exemplos de locais onde a **restrição de acesso** perde espaço para as funções de **monitoramento e controle**, face a intensidade das interações necessárias com o público, em função da natureza dos serviços

---

[98] Ibidem.
[99] Ibidem.

prestados por essas entidades. Além do emprego de **recursos humanos** e **barreiras físicas**, **equipamentos** também vêm sendo empregados na elaboração dos sistemas de segurança.

À medida em que o **bloqueio de acesso** pode ser **amplamente utilizado** – como em prédios, condomínio e clubes –, o uso de **equipamentos** e **recursos humanos** para funções de monitoramento e controle de ações tende a ser menos intenso.

O desenvolvimento e popularização da **tecnologia eletrônica**, contudo, revolucionou os custos de monitoramento, tornando viável o desenvolvimento de espaços em que a **restrição de acesso** pode ser amenizada. **Espaços privados com intensa movimentação** exigem o emprego de sistemas modernos de monitoramento que, embora reduza a necessidade de recursos humanos para tarefa específica, impõe a utilização de sistemas mais. À medida que a análise de ocorrências passa pelo crivo do julgamento humano, o emprego de mão-de-obra pode ser ampliado com novas formas de estabelecimentos que disponham de espaços comuns.

Nesse sentido, a proliferação de *shopping centers*, condomínios industriais, residenciais e comerciais evidencia a difusão de novas formas de propriedade privada que estabelecem **um sistema de segurança de uso coletivo**.

O controle de ambientes pela segurança privada, seguindo normas e procedimentos **ajustáveis aos interesses dos clientes**, cria um ambiente favorável à **adaptação de um sistema de segurança** para **intervenção efetiva** sobre a **prevenção de delitos**. Sendo as capacidades de reação e adaptação **críticas**, o que tornam os serviços públicos, neste sentido, bem menos eficientes. Isso porque o policiamento realizado pelo Estado segue **normas e procedimentos rígidos** destinando-se mais aos aspectos **reativos** que preventivos de segurança. [100]

---

[100] OLIVEIRA, Aryeverton Fortes de. **Empresas de vigilância no sistema de prestação de serviços de segurança patrimonial privada**: uma avaliação da estrutura de governança, 2004.

Em **resumo**, verificamos que **os sistemas de segurança privados** possuem as **seguintes características**:

- são mais preventivos;
- voltados para o controle e regulação de acesso;
- seus objetivos são definidos pelo contratante;
- seus interesses são privados.
- Incluem barreiras físicas, eletrônicas, equipamentos e recursos humanos para defesa do patrimônio e dos interesses do demandante;
- seguem as normas e procedimentos estabelecidos pelo demandante;
- devem atuar dentro dos limites do direito de propriedade do demandante;
- detêm o uso limitado da força nos crimes contra pessoas e patrimônios.

A seguir, vamos estudar o Vigilante, como agente de segurança, seu conceito, requisitos para o exercício da profissão, dados estatísticos da carreira, cursos, identificação profissional, direitos, deveres e jurisprudência.

2.3.2. O Vigilante como Agente de Segurança Privada

No Brasil, os **agentes de segurança** autorizados a atuar oficialmente no **setor da segurança privada** são designados "**vigilantes**", que "são os profissionais capacitados em curso de formação, empregados de empresa especializada ou de empresa possuidora de serviço orgânico de segurança, registrados na Polícia Federal, e responsáveis pela execução de atividades de segurança privada.[101]

De acordo com o artigo 150 da Portaria nº 18.045-DG/PF, de 17 de abril de 2023, **para o exercício da profissão**, o **vigilante** deverá preencher os **seguintes requisitos**, comprovados documentalmente:

Tese (Doutorado) – Escola Superior de Agricultura "Luiz de Queiroz", Universidade de São Paulo, Piracicaba-SP, 2004.

[101] BRASIL. Ministério da Justiça e Segurança Pública: Polícia Federal. **Portaria nº 18.045-DG/PF, de 17 de abril de 2023**. Disciplina as atividades de segurança privada e regula a fiscalização dos Planos de Segurança dos estabelecimentos financeiros. Disponível em: <https://www.gov.br/pf/pt-br/assuntos/seguranca-privada/legislacao-normas-e-orientacoes/portarias/portaria-18045-dou.pdf/view>. Acesso em 07 Ago 2023.

I - ser brasileiro nato ou naturalizado;

II - ter idade mínima de vinte e um anos;

III - ter instrução correspondente ao quinto ano do ensino fundamental;

IV - ter sido aprovado em curso de formação de vigilante, realizado por empresa de curso de formação devidamente autorizada;

V - ter sido aprovado em exames de saúde física, mental e de aptidão psicológica;

VI - ter idoneidade comprovada mediante a apresentação de certidões negativas de antecedentes criminais sem registros de indiciamento em inquérito policial; sem registros de estar sendo processado criminalmente; ou sem registros de ter sido condenado em processo criminal (no local onde reside, bem como no local em que foi realizado o curso de formação, de reciclagem ou de extensão):

a) da Justiça Federal;

b) da Justiça Estadual ou do Distrito Federal;

c) da Justiça Militar Federal;

d) da Justiça Eleitoral; e

e) da Justiça Militar Estadual ou do Distrito Federal;

VII - estar quite com as obrigações eleitorais e militares; e

VIII - possuir CPF.

Dados da RAIS do Ministério do Trabalho Emprego apontam que 87,6% dos trabalhadores do setor são **homens**. As mulheres representam 12,4%. Quase 70% dos profissionais têm entre **30 e 49 anos**. Além disso, 76% dos profissionais possuem o **ensino médio completo**.[102]

São **cursos de formação, extensão e reciclagem**:[103]

I - curso de formação de vigilante;

---

[102] FÓRUM BRASILEIRO DE SEGURANÇA PÚBLICA. **17º Anuário Brasileiro de Segurança Pública**. São Paulo: Fórum Brasileiro de Segurança Pública, 2023. Disponível em: <https://forumseguranca.org.br/wp-content/uploads/2023/07/anuario-2023.pdf>. Acesso em: 02 Ago 2023.

[103] Art. 151. BRASIL. Ministério da Justiça e Segurança Pública: Polícia Federal. **Portaria nº 18.045-DG/PF, de 17 de abril de 2023**. Disciplina as atividades de segurança privada e regula a fiscalização dos Planos de Segurança dos estabelecimentos financeiros. Disponível em: <https://www.gov.br/pf/pt-br/assuntos/seguranca-privada/legislacao-normas-e-orientacoes/portarias/portaria-18045-dou.pdf/view>. Acesso em 07 Ago 2023.

II - curso de reciclagem da formação de vigilante;

III - curso de extensão em transporte de valores;

IV - curso de reciclagem em transporte de valores;

V - curso de extensão em escolta armada;

VI - curso de reciclagem em escolta armada;

VII - curso de extensão em segurança pessoal;

VIII - curso de reciclagem em segurança pessoal; IX - curso de extensão em equipamentos não letais I;

X - curso de extensão em equipamentos não letais II; e

XI - curso de extensão em segurança para eventos sociais

Mesmo com um pequeno aumento de 9% no número de **cursos de formação e aperfeiçoamento de vigilantes** autorizados pela Polícia Federal, que passou de 300, em maio de 2022, para 328, em março deste ano, segundo a Associação Brasileira de Cursos e Aperfeiçoamento de Vigilantes (ABCFAV), no ano passado, 787.914 pessoas estavam com o curso de formação ou reciclagem exigidos pela PF em dia. Em 2023, são 775.640 profissionais aptos a exercerem a profissão. Esse número já foi superior a um milhão em anos anteriores[104].

A **Carteira Nacional de Vigilante – CNV** é de uso obrigatório pelo vigilante, quando em efetivo serviço, e nela constam:[105]

I - os dados de identificação do vigilante; e

II - as atividades a que está habilitado o vigilante.

São **Direitos** do Vigilante:[106]

---

[104] FÓRUM BRASILEIRO DE SEGURANÇA PÚBLICA. **17º Anuário Brasileiro de Segurança Pública**. São Paulo: Fórum Brasileiro de Segurança Pública, 2023. Disponível em: <https://forumseguranca.org.br/wp-content/uploads/2023/07/anuario-2023.pdf>. Acesso em: 02 Ago 2023.
[105] Art. 152. BRASIL. Ministério da Justiça e Segurança Pública: Polícia Federal. **Portaria nº 18.045-DG/PF, de 17 de abril de 2023**. Disciplina as atividades de segurança privada e regula a fiscalização dos Planos de Segurança dos estabelecimentos financeiros. Disponível em: <https://www.gov.br/pf/pt-br/assuntos/seguranca-privada/legislacao-normas-e-orientacoes/portarias/portaria-18045-dou.pdf/view>. Acesso em 07 Ago 2023.
[106] Art. 156. BRASIL. Ministério da Justiça e Segurança Pública: Polícia Federal. **Portaria nº 18.045-DG/PF, de 17 de abril de 2023**. Disciplina as atividades de segurança privada e regula a fiscalização dos Planos de Segurança dos estabelecimentos financeiros. Disponível em: <https://www.gov.br/pf/pt-br/assuntos/seguranca-privada/legislacao-normas-e-orientacoes/portarias/portaria-18045-dou.pdf/view>. Acesso em 07 Ago 2023.

I - recebimento de uniforme devidamente autorizado às expensas do empregador;

II - porte de arma, conforme disposto em lei;

III - utilização de materiais e equipamentos em perfeito funcionamento e estado de conservação, inclusive armas e munições;

IV - utilização de sistema de comunicação em perfeito estado de funcionamento;

V - treinamento regular nos termos previstos nesta Portaria;

VI - seguro de vida em grupo, feito pelo empregador; e

VII - prisão especial por ato decorrente do serviço.

São **deveres** do vigilante[107]:

I - exercer suas atividades com urbanidade, probidade e denodo, observando os direitos e garantias fundamentais, individuais e coletivos, bem como respeitando a diversidade e a dignidade da pessoa humana, no exercício de suas funções;

II - utilizar adequadamente o uniforme autorizado, apenas em serviço;

III - portar a CNV;

IV - manter-se adstrito ao local sob vigilância, observando-se as peculiaridades das atividades de transporte de valores, de escolta armada e de segurança pessoal; e

V - comunicar ao seu superior hierárquico quaisquer incidentes ocorridos no serviço, assim como quaisquer irregularidades relativas ao equipamento que utiliza, em especial quanto ao armamento, munições e colete à prova de balas, não se eximindo o empregador do dever de fiscalização.

Por fim, temos algumas jurisprudências dos tribunais superiores sobre os vigilantes que vale a pena trazermos à baila:

Segundo o Supremo Tribunal Federal - STF: **é inconstitucional lei estadual que reconhece o risco da atividade e a efetiva necessidade do porte de armas de fogo para os vigilantes de empresas de segurança privada.** Essa

---

[107] Art. 157. BRASIL. Ministério da Justiça e Segurança Pública: Polícia Federal. **Portaria nº 18.045-DG/PF, de 17 de abril de 2023**. Disciplina as atividades de segurança privada e regula a fiscalização dos Planos de Segurança dos estabelecimentos financeiros. Disponível em: <https://www.gov.br/pf/pt-br/assuntos/seguranca-privada/legislacao-normas-e-orientacoes/portarias/portaria-18045-dou.pdf/view>. Acesso em 07 Ago 2023.

norma invade a competência exclusiva da União para autorizar e fiscalizar a produção e o comércio de material bélico (art. 21, VI, CF/88), e a competência privativa da União para legislar sobre material bélico (art. 22, XXI, CF/88).

Tese fixada pelo STF: **É inconstitucional, por violação à competência legislativa privativa da União, lei estadual que reconhece o risco da atividade e a efetiva necessidade do porte de armas de fogo para os vigilantes de empresas de segurança privada.**
STF. Plenário. ADI 7.252/TO, Rel. Min. Roberto Barroso, julgado em 25/4/2023 (Info 1092).

De acordo com o Supremo Tribunal Federal - STF: **É inconstitucional, por violar competência da União para legislar sobre materiais bélicos, norma estadual que reconhece o risco da atividade e a efetiva necessidade do porte de arma de fogo ao atirador desportivo integrante de entidades de desporto legalmente constituídas e ao vigilante de empresa de segurança privada.**
STF. Plenário. ADI 7188/AC e ADI 7189/AM, Rel. Min. Cármen Lúcia, julgados em 23/9/2022 (Info 1069)

Em outra decisão, o Superior Tribunal de Justiça entendeu que: **quando o delito imputado envolve o emprego de violência contra a pessoa ou demonstre comportamento agressivo incompatível com as funções de vigilante, é válida a recusa de pedido de inscrição em curso de reciclagem para vigilantes profissionais, porquanto configurada, em regra, a ausência de idoneidade do indivíduo.**

Caso concreto em que o indivíduo restou condenado pela prática de lesão corporal no âmbito doméstico, com sentença penal transitada em julgado e pena já cumprida, não se evidenciando, desse modo, ilegalidade na recusa à matrícula no curso de reciclagem pela Polícia Federal, porquanto se trata de delito que atrai valoração negativa sobre a conduta exigida do profissional, revelando sua inidoneidade para o exercício da profissão.

STJ. 1ª Turma. REsp 1952439-DF, Rel. Min. Sérgio Kukina, julgado em 26/04/2022 (Info 734).

Em outro julgado muito importante, o STJ decidiu que: **viola o princípio da presunção de inocência o impedimento de participação ou registro de curso de formação ou reciclagem de vigilante, por ter sido verificada a existência de inquérito ou ação penal não transitada em julgado.**

Assim, não havendo sentença condenatória transitada em julgado, o simples fato de existir um processo penal em andamento não pode ser considerada antecedente criminal para o fim de impedir que o vigilante se matricule no curso de reciclagem.
STJ. 2ª Turma. REsp 1597088/PE, Rel. Min. Herman Benjamin, julgado em 15/08/2017.

Por outro lado, **a existência de condenação criminal transitada em julgado impede o exercício da atividade profissional de vigilante por ausência de idoneidade moral.**
STJ. 2ª Turma. REsp 1666294-DF, Rel. Min. Herman Benjamin, julgado em 05/09/2019 (Info 658)

Ele estará impedido de ser vigilante mesmo que já tenha cumprido a pena?

Sim. A condenação criminal transitada em julgado impede o exercício da atividade profissional de vigilante, ainda que a pena tenha sido integralmente cumprida.

Ele estará impedido de ser vigilante mesmo que já tenham se passado mais de 5 anos do cumprimento ou extinção da pena (art. 64, I, do CP)?

Sim. É o que prevê o art. 64, I, do CP.

> Art. 64 - Para efeito de reincidência:
> I - não prevalece a condenação anterior, se entre a data do cumprimento ou extinção da pena e a infração posterior tiver decorrido período de tempo superior a 5 (cinco) anos,

computado o período de prova da suspensão ou do livramento condicional, se não ocorrer revogação;

O STJ entende que, mesmo que ultrapassado o lapso temporal de 5 anos mencionado no art. 64, I, do CP, a condenação anterior transitada em julgado é considerada como maus antecedentes. Isso porque o STJ adota o chamado "**sistema da perpetuidade**" para essa prática.

O que é esse sistema da perpetuidade?
Mesmo ultrapassado o lapso temporal de 5 anos, a condenação anterior transitada em julgado pode ser considerada como maus antecedentes. É a posição do STJ.

Passaremos agora ao estudo do controle e fiscalização da segurança privada.

2.3.3. Controle e Fiscalização da Segurança Privada

O crescimento do policiamento executado pela segurança privada ocorrido no mundo e no Brasil, nas últimas décadas, deu novo significado ao problema político implícito na pergunta: quem vigia o vigia? Desse modo, como a segurança privada é controlada tornou-se tema relevante para as sociedades democráticas e para a literatura acadêmica.

O Brasil foi classificado ao lado da maioria dos países desenvolvidos como um caso de **regulação abrangente**, já que sua legislação prevê um conjunto extenso de exigências para que empresas e profissionais de segurança privada atuem, e **capacidade reguladora limitada** em função das **dificuldades enfrentadas pela Polícia Federal** (desde 1996, a Polícia Federal é o órgão formalmente responsável pela regulação, fiscalização e controle da segurança privada no país) na imposição de todas ás regras estabelecidas no marco legal nacional.

Zanetic atribui essas **dificuldades da Polícia Federal** à **ausência de uma estrutura orgânica qualificada** e de **investimentos consistentes em**

recursos humanos e tecnológicos, especialmente em **bases de dados adequadas** ao exercício das atividades fiscalizadoras.[108]

Lopes conclui que o **controle estatal é realizado de maneira insuficiente**, mas que pode e deve ser melhorado através de medidas como a **ampliação da regulação estatal** para atividades de segurança privada não submetidas ao controle formal e explícito do Estado; se faz necessário **tornar o marco regulatório mais preciso**, de modo a **reduzir a discricionariedade dos profissionais de segurança privada**; **fortalecer a estrutura orgânica da Polícia Federal** dedicada à fiscalização do setor de segurança privada; **integrar os bancos de dados criminais** das secretarias estaduais de segurança pública relativos a profissionais de segurança privada com o banco de dados da Polícia Federal; e **permitir a participação da sociedade na definição da política de controle** levada a cabo pelo Estado brasileiro.[109]

O **controle e a fiscalização das atividades de segurança privada** são exercidos pelos **órgãos e unidades** abaixo indicados:[110]

I - **Coordenação-Geral de Controle de Serviços e Produtos - CGCSP/DPA/PF**: unidade vinculada à Diretoria-Executiva da Polícia Federal, responsável pela coordenação das atividades de segurança privada, assim como pela orientação técnica e acompanhamento das atividades desenvolvidas pelas Delegacias de Controle de Segurança Privada - DELESPs e pelas Unidades de Controle e Vistoria - UCVs;

---

[108] ZANETIC, André. **A questão da segurança privada**: estudo do marco regulatório dos serviços particulares de segurança. 2005. Dissertação (Mestrado em Ciência Política) - Faculdade de Filosofia, Letras e Ciências Humanas, Universidade de São Paulo, São Paulo, 2006. Disponível em: <https://teses.usp.br/teses/disponiveis/8/8131/tde-14062007-154033/publico/dissertacao.pdf>. Acesso em: 02 Ago 2023.
[109] LOPES, Cléber da Silva. O controle da segurança privada: balanço da literatura internacional e situação das pesquisas no Brasil. **BIB - Revista Brasileira de Informação Bibliográfica em Ciências Sociais**, n. 68, p. 99–115, 2009. Disponível em: <https://bibanpocs.emnuvens.com.br/revista/article/view/335>. Acesso em: 7 ago. 2023.
[110] Art. 3º. BRASIL. Ministério da Justiça e Segurança Pública: Polícia Federal. **Portaria nº 18.045-DG/PF, de 17 de abril de 2023**. Disciplina as atividades de segurança privada e regula a fiscalização dos Planos de Segurança dos estabelecimentos financeiros. Disponível em: <https://www.gov.br/pf/pt-br/assuntos/seguranca-privada/legislacao-normas-e-orientacoes/portarias/portaria-18045-dou.pdf/view>. Acesso em 07 Ago 2023.

II - **DELESPs:** unidades regionais vinculadas às superintendências de Polícia Federal nos Estados e no Distrito Federal, responsáveis pela fiscalização e controle das atividades de segurança privada, no âmbito de suas circunscrições, cabendo-lhes, dentre outras atribuições:

a) realizar a orientação técnica e a uniformização de procedimentos, em observância às normas e orientações gerais expedidas pela CGCSP/DPA/PF;

b) manter contato permanente com as UCVs, para coordenação de esforços em âmbito regional; e

c) manifestar-se em relação a consultas e dúvidas efetuadas em matéria de controle de segurança privada, auxiliando, quando necessário, as UCVs, seguindo normas e orientações gerais expedidas pela CGCSP/DPA/PF; e

III - **UCVs:** unidades vinculadas às delegacias de Polícia Federal descentralizadas, responsáveis pela fiscalização e controle das atividades de segurança privada, no âmbito de suas circunscrições, dirigidas por policial federal e compostas por, no mínimo, mais dois membros titulares e respectivos suplentes

O **exercício da atividade de vigilância patrimonial** dependerá de **autorização prévia da Polícia Federal**, por meio de ato do coordenador-geral de Controle de Serviços e Produtos, publicado no Diário Oficial da União, mediante o preenchimento dos seguintes **requisitos:**[111]

I - possuir capital social integralizado mínimo de 100.000 (cem mil) Unidade Fiscal de Referência - UFIR[112];

---

[111] Art. 4º. BRASIL. Ministério da Justiça e Segurança Pública: Polícia Federal. **Portaria nº 18.045-DG/PF, de 17 de abril de 2023.** Disciplina as atividades de segurança privada e regula a fiscalização dos Planos de Segurança dos estabelecimentos financeiros. Disponível em: <https://www.gov.br/pf/pt-br/assuntos/seguranca-privada/legislacao-normas-e-orientacoes/portarias/portaria-18045-dou.pdf/view>. Acesso em 07 Ago 2023.

[112] A Unidade de Referência Fiscal - UFIR foi extinta em decorrência do § 3º do art. 29 da Medida Provisória 2095-76, mas continua sendo utilizada como medida de atualização monetária de tributos, multas e penalidades relacionadas a obrigações com o poder público. O último valor da Ufir federal é **R$ 1,0641**, fixado em janeiro de 2000. Fonte: Agência Câmara de Notícias. BRASIL. **Receita Federal.** Disponível em: <https://www.gov.br/receitafederal/pt-br/assuntos/orientacao-tributaria/pagamentos-e-parcelamentos/valor-da-ufir> Acesso em 08 Ago 2023.

II - provar que os sócios, administradores, diretores e gerentes da empresa de segurança privada **não tenham condenação criminal registrada**;

III - contratar, e manter sob contrato, **o mínimo de quinze vigilantes**, devidamente habilitados;

IV - comprovar a posse ou a propriedade de, no mínimo, **um veículo comum**, com **sistema de comunicação ininterrupta com a sede da empresa** em cada unidade da Federação em que estiver autorizada;

V - possuir **instalações físicas adequadas**, comprovadas mediante certificado de segurança, observando-se:

a) uso e acesso exclusivos ao estabelecimento, separado das instalações físicas de outros estabelecimentos e atividades estranhas às atividades autorizadas;

b) dependências destinadas ao setor administrativo;

c) dependências destinadas ao setor operacional, dotado de sistema de comunicação;

d) local seguro, adequado e suficiente para a guarda de todas as armas e munições, ainda que provisoriamente destinadas aos postos de serviços ou veículos, conforme parâmetros dos §§ 4º a 7º deste artigo;

e) vigilância patrimonial ou equipamentos elétricos, eletrônicos ou de filmagem, funcionando ininterruptamente; e

f) garagem ou estacionamento para, no mínimo, dois veículos usados na atividade de segurança privada; e

VI - contratar **seguro de vida coletivo**.

Em 2022, as empresas de segurança privada e instituições financeiras **pagaram R$ 95.373.889,11 em taxas à Polícia Federal**. O valor engloba gastos com vistorias, renovação de certificados, expedição e alvará e pagamento de multas. Em 2021, o valor foi um pouco maior chegando a R$ 98.178.396,86. Nos dois últimos anos, o total de penalidades transitadas e julgadas pela PF contra as empresas de segurança se manteve estável. Em 2021, foram 2.376. Já no ano passado, 2.362. Entre as infrações, a **multa** é a mais aplicada.[113]

---

[113] FÓRUM BRASILEIRO DE SEGURANÇA PÚBLICA. **17º Anuário Brasileiro de Segurança Pública. São Paulo**: Fórum Brasileiro de Segurança Pública, 2023. Disponível em: <https://forumseguranca.org.br/wp-content/uploads/2023/07/anuario-2023.pdf>. Acesso em: 02 Ago 2023.

2.4. Panorama Internacional da Segurança Privada

Nesse tópico estudaremos o panorama internacional da segurança privada, especialmente na América Latina, União Europeia e em Portugal.

Iniciaremos o estudo da segurança privada no mundo, analisando os motivos da sua expansão. Veremos o faturamento da indústria da segurança privada no mundo,

Em seguida, estudaremos a segurança privada na União Europeia, sua atuação em complementação à Europol, o problema da falta de regulamentação, e sua indispensabilidade para a União Europeia.

Por fim, analisaremos a segurança privada em Portugal, sua história, o total de agentes de segurança privada, o faturamento do setor.

2.4.1. Segurança Privada no Mundo: Panorama Geral

A **expansão do mercado da segurança** não está restrita ao Brasil. É uma **característica mundial,** ocorrendo mesmo em países onde a criminalidade não é uma das principais preocupações entre a população ou onde as políticas de segurança pública são bem-sucedidas em garantir a vida e os bens dos cidadãos.

Nos **Estados Unidos** e em **vários países da Europa**, os exércitos da segurança privada se igualam ou mesmo superam as polícias públicas[114]. Também não se trata de um fenômeno novo, pois a venda de proteção e segurança sempre

---

[114] BAYLEY, David. **Padrões de Policiamento**: Uma análise internacional comparativa. São Paulo: Edusp, 2001.

existiu. Contudo, a **novidade** se encontra em sua **expansão para o público em geral**, sobretudo nas **áreas urbanas**[115]

Considerando que os **serviços privados prosperam** num período em que a **insegurança** está entre as **principais preocupações dos cidadãos brasileiros**[116], é possível que o sentimento de medo e insegurança e a descrença nos órgãos encarregados da segurança pública tenham influenciado essa expansão.

Todavia, isso permite explicar apenas em parte a **expansão do mercado da segurança**. Para compreendê-la, torna-se importante considerar também **outros aspectos** que revelam o contexto no qual essa expansão tomou força e tem se desenvolvido.

De maneira geral, o **policiamento** tem se tornado uma atividade cada vez mais **fragmentada**, **compartilhada** entre **governo** e **seus cidadãos**, às vezes, mediada pelos mercados. E a **polícia** não é mais o principal detentor do controle do crime na sociedade[117].

Nesse sentido, a **polícia** sempre foi proeminente em relação às **outras agências** com as quais compartilha responsabilidades, mas **nunca teve o total monopólio dessa atividade.**

Importante destacar ainda que, assim como ocorre em diversas partes do mundo ocidental, proliferam também no Brasil os "**enclaves fortificados**"[118] (ou, na interpretação de Shearing e Stenning[119]), a "**massa de propriedade privada**".

---

[115] SHEARING, Clifford D.; STENNING, Philip C. *Private Security: Implications for social control.* **Social Problems**, v. 30, n. 5, p. 493-506, jun. 1983.

[116] ADORNO, Sérgio. Exclusão socioeconômica e violência urbana. **Sociologias**. Porto Alegre, ano 4, nº 8, p. 84-135, jul/dez. 2002.

[117] BAYLEY, David; SHEARING, Clifford. *The future of policing.* **Law and Society Review**, v. 30, n. 3, p. 585-606, June 1996.

[118] CALDEIRA, Teresa Pires do Rio. **Cidade de muros**: crime, segregação e cidadania em São Paulo. São Paulo: Edusp, 2000.

[119] SHEARING, Clifford D.; STENNING, Philip C. *Private Security: Implications for social control.* **Social Problems**, v. 30, n. 5, p. 493-506, jun. 1983.

Ambos os conceitos se referem a **espaços privatizados** para moradia, estudo, consumo ou lazer que têm sua segurança realizada quase exclusivamente pelos **serviços particulares** e passam a concentrar em seus domínios boa parte das atividades anteriormente realizadas em espaços públicos. Shearing e Stenning[120]

ressaltam que a **vida pública** passa a ocorrer, cada vez mais, em **locais de propriedade privada**, como *shopping centers*, condomínios residenciais, áreas de recreação e lazer e campus universitários.

Realizando suas análises a partir do **contexto norte-americano**, os autores apontam **dois motivos** para a **atuação da segurança privada nessas áreas**: **primeiro** porque a rotina de ronda policial tradicionalmente está restrita às ruas; **segundo**, porque os proprietários preferem exercer seu tradicional direito à preservação da ordem em sua propriedade e manter o controle sobre o seu policiamento do que recorrer à polícia pública para essa função. Como resultado, afirmam os autores, **áreas da vida pública** antigamente sob o **controle do Estado** estão sendo **transferidas** para o **controle de corporações privadas.**[121]

Shearing e Stenning[122] analisam também a questão da **legitimidade da segurança privada,** afirmando que é derivada da **instituição propriedade privada**, mais especificamente da **importância do direito às liberdades individuais**, aspecto fortemente presente no **contexto norte- -americano**. Segundo essa concepção, a **instituição legal da propriedade privada** e da **privacidade** são um meio de garantir a **segurança** contra as **intromissões externas, especialmente as do Estado**.

Na propriedade privada, a **autoridade máxima** é a **do seu dono** e, nesse espaço, o **Estado não tem permissão para entrar sem consentimento**, a não ser em situações excepcionais. Não obstante, os autores apontam que, **à**

---

[120] Ibidem.
[121] CUBAS, Viviane de Oliveira. **A expansão das empresas de segurança privada em São Paulo**. Dissertação de Mestrado. São Paulo, Faculdade de Filosofia, Letras e Ciências Humanas da USP, 2002.
[122] SHEARING, Clifford D.; STENNING, Philip C. *Private Security: Implications for social control. Social Problems*, v. 30, n. 5, p. 493-506, jun. 1983.

medida que a propriedade privada vem se tornando um espaço público, essa coerência tem sido **desgastada** ao mesmo tempo em que pouco tem se questionado sobre essa autoridade.[123]

Nesse contexto, a **representatividade da segurança privada** pode ser apurada e expressa em termos de **faturamento bruto do setor** ou pelo **número de profissionais empenhados**.

A segurança privada no mundo é considerada e designada por "**indústria da segurança privada**", agregando não só ações de vigilância, escolta, transporte de valores, bem como todo o universo da identificação, controle de acesso, alarmes, blindagens, segurança de computadores, equipamentos individuais, veículos especiais, armas, munições, prevenção, combate a incêndios, automação, tele e videomonitoramento, rastreamento por satélite, demais equipamentos eletroeletrônicos e serviços específicos, a exemplo de pesquisa, treinamentos, projetos e consultorias.[124]

Estima-se que **o volume de dinheiro empenhado no segmento amplo da segurança** esteja próximo do **universo da saúde** e da **indústria do turismo**. Não há um só carro, uma só residência onde a segurança não se faça presente por fechaduras, travas, alarmes, portas, vidros especiais etc.[125]

No Brasil, a consultoria econômica da Federação Nacional das Empresas de Segurança e Transporte de Valores (FENAVIST) estimou, em 2021, o faturamento do setor da ordem de **R$ 36,3 bilhões**[126].

---

[123] CUBAS, Viviane de Oliveira. **A expansão das empresas de segurança privada em São Paulo**. Dissertação de Mestrado. São Paulo, Faculdade de Filosofia, Letras e Ciências Humanas da USP, 2002.
[124] MOTERAN, Cícero. **Manual de Gestão de Segurança para empresas estatais e comunidades**. Belo Horizonte: Armazém de Ideias, 2007.
[125] Ibidem.
[126] FÓRUM BRASILEIRO DE SEGURANÇA PÚBLICA. **17º Anuário Brasileiro de Segurança Pública**. São Paulo: Fórum Brasileiro de Segurança Pública, 2023. Disponível em: <https://forumseguranca.org.br/wp-content/uploads/2023/07/anuario-2023.pdf>. Acesso em: 08 Ago 2023.

A **segurança privada no mundo** está crescendo e o setor movimenta, aproximadamente, **US$ 180 bilhões por ano. O valor é maior do que o PIB de 100 países**, incluindo Portugal, Romênia e Hungria. Cerca de **20 milhões de trabalhadores são absorvidos pelo setor**, sendo que a maior empresa da área, a G4S, emprega, sozinha, 585.000 pessoas e fatura, aproximadamente, US$ 10 bilhões por ano.[127]

Uma pesquisa conduzida pelo *"The Guardian"* revelou que **metade da população do planeta vivem em países onde existem mais trabalhadores no setor de segurança particular do que na polícia**. A Índia e África do Sul têm diferenças gritantes, enquanto nos Estados Unidos existe mais de 1,1 milhão de seguranças particulares contra 666.000 policiais. As coisas são mais uniformes na Alemanha, apesar de a quantidade de segurança particulares ainda estar um pouco acima da quantidade de policiais (2.000 pessoas). O Brasil aparece no ranking com 1,7 milhões de seguranças particulares[128] em contraste aos 678.684 policiais.[129]

Veja, a seguir, 11 países onde a quantidade de seguranças particulares é maior que a de policiais, com base na estimativa do número de profissionais em 2017:

	Seguranças particulares	Policiais	Proporção
11. Alemanha	247.000	245.072	1
10. Rússia	800.000	601.000	1,33
9. EUA	1.1 milhão	800.000	1,37
8. Canadá	95.995	68.773	1,39
7. Reino Unido	232.000	151.000	1,53
6. China	5 milhões	2,7 milhões	1,85
5. Japão	459.305	246.800	1,86
4. Austrália	114.600	52.400	2,18

---

[127] FORBES. **11 países com mais seguranças particulares do que policiais.** Disponível em: <https://forbes.com.br/colunas/2017/09/11-paises-com-mais-segurancas-particulares-do-que-policiais/>. Acesso em: 08 Ago 2023.
[128] Nesse número está se considerando o número de seguranças clandestinos e os vigilantes oficiais.
[129] FORBES. **11 países com mais seguranças particulares do que policiais.** Disponível em: < https://forbes.com.br/colunas/2017/09/11-paises-com-mais-segurancas-particulares-do-que-policiais/>. Acesso em: 08 Ago 2023.

3. Brasil	1,7 milhão	687.684	2,47
2. África do Sul	487.058	194.852	2,49
1. Índia	7 milhões	1,4 milhão	5

Fonte: Forbes/2017[130]

2.4.2. Segurança Privada na América Latina

Na **América Latina**, estudos reportam que existem **1,6 milhões de seguranças privados registados**, no entanto estima-se que haja **2 milhões não registados** (ilícitos)[131].

Apesar do **crescimento do segmento de segurança privada na América Latina**, o setor carece de **regulamentações normativas** que legitimem as suas atividades. **A carência de normas jurídicas** sobre o tema é evidenciada, tanto em países que não apresentam leis especificas para a segurança privada como naqueles em que a legislação existente é ainda insuficiente para cobrir a diversidade de serviços exercidos no território nacional[132].

Um fenômeno percebido na **América Latina** é a **alta frequência da prestação de serviços ilegais de segurança privada**, realizados por pessoas ou empresas inabilitadas. Outra constatação refere-se ao **elevado número de organizações que mesmo autorizadas a funcionar, sonegam impostos governamentais e obrigações sociais.**[133]

---

[130] FORBES. **11 países com mais seguranças particulares do que policiais.** Disponível em: < https://forbes.com.br/colunas/2017/09/11-paises-com-mais-segurancas-particulares-do-que-policiais/>. Acesso em: 08 Ago 2023.

[131] BAILEY, John; DAMMERT, Lucía. *Reforma policial y participación militar en el combate a la delincuencia. Análisis y desafíos para América Latina. In: Revista Fuerzas Armadas y Sociedad.* Volume 19, Nº 1. Ano 2005. pp. 133-152.

[132] ATIENZA, Manoel; VIGO, Rodolfo Luís. **Código Ibero-americano de ética judicial.** Brasília: CJF, 2008.

[133] FEDERACIÓN PANAMERICANA DE SEGURIDAD PRIVADA (FEPASEP). Disponível em: <http://www.fepasep.org/antecedentes.html>. Acesso em: 08 Ago 2023.

Em **44 países têm mais seguranças privados que agentes de segurança pública**. Se adicionarmos as populações destes 44 países (onde há mais seguranças privados que polícias), temos um **total de 4 bilhões**[134].

Nesse contexto, a empresa de consultoria alemã *Statista*, realizou pesquisa em 2018 apontando que o **mercado mundial de tecnologia e serviços de segurança previa crescimento de US$ 240 bilhões em lucros**. A pesquisa aponta que o avanço seria de US$ 34 bilhões apenas nos Estados Unidos.[135]

Este valor supera e por muito, o **orçamento global internacional para acabar com a pobreza no mundo,** de 140 bilhões de dólares americanos.[136] Este setor por si só, está crescendo 6% ao ano[137], mais rápido que a própria economia mundial no seu todo (3.6%).[138] Este crescimento acelerante da indústria de segurança privada global, **ultrapassou os mecanismos de regulamentação e supervisão.**

A mesma pesquisa apontou que o **mercado de segurança privada** teria apresentado um aumento em relação a quantidade de postos de trabalho gerados, com previsão de **20 milhões de trabalhadores em nível mundial.**

Pelo exposto, podemos perceber que o mercado de segurança privada seria um fenômeno da **evolução mundial** que adquiriu a atuação e tamanho que atualmente detém, graças a **omissão do Estado na seara de segurança**

---

[134] PROVOST, Claire. *The industry of inequality: why the world is obsessed with private security. The Guardian,* 12 de Maio de 2017.
[135] Disponível em: <https://www.statista.com/statistics/>. Acesso em 08 Ago 2023.
[136] AZEDO, Diogo António Marques Rodrigues Dias. **Segurança Privada**: Análise Comparativa dos Regimes Jurídicos Português e Macaense e Propostas de Inovação Legislativa no âmbito da Região Administrativa Especial de Macau. Dissertação de Mestrado. Lisboa: Nova School of law, 2021.
[137] PROVOST, Claire. *The industry of inequality: why the world is obsessed with private security. The Guardian,* 12 de Maio de 2017.
[138] FMI: FUNDO MONETÁRIO INTERNACIONAL. *World Economic Outlook- Subdued Demand, Diminished Prospects.* Ano 2016.

2.4.3. Segurança Privada na União Europeia

Atualmente, a União Europeia – UE é um dos palcos de novas ameaças transnacionais e de diversas formas de criminalidade que produzem graves consequências à segurança em nível internacional: como o terrorismo, a criminalidade organizada e cibercriminalidade.

Estas novas formas de criminalidade são fenômenos que atingem (na maior parte das vezes, de uma forma discreta) uma sociedade em vários pontos, como a política e a economia, e assim a própria sociedade como um todo.

Estes tipos de criminalidade desenvolvem-se de forma a se adaptar às novas realidades e necessidades da União Europeia, pondo em risco a segurança dos Estados-Membros e dos seus cidadãos. Como foi recentemente reconhecido pela própria Comissão da UE, tanto as vulnerabilidades como as ameaças estão em constante evolução e a UE tem de se adaptar.[139]

Apesar dos Estados-Membros serem os principais responsáveis por a sua segurança, estas novas ameaças exigem uma resposta eficaz e coordenada, que já não pode ser dada de forma autônoma pelo próprio Estado-Membro.

A UE é uma união com valores, objetivos e de características comuns, constituída por 27 países que compõem a maior parte do continente europeu. Um dos seus principais objetivos, (como podemos observar no artigo 3º, nº 2 do Tratado de Lisboa) é garantir a **segurança interna da Europa**: "A União proporciona aos seus cidadãos um espaço de liberdade, segurança e justiça"[140].

No entanto, para se alcançar a tão desejada segurança (interna) da UE é necessário que haja cooperação mútua, com uma real partilha de informações e responsabilidades entre os próprios Estados-Membros e a UE.

---

[139] Estratégia da UE para a união da segurança. **Comunicação da Comissão da UE**. Bruxelas, 2020. p. 2.
[140] Art. 3º, nº 2 do **Tratado de Lisboa** (13 de Dezembro de 2007). Diário da República I, n.º 96, de 19/05/2008.

A UE recorre à **Agência da União Europeia para a Cooperação Policial (Europol),** como um dos seus instrumentos, para fazer face a estes fenômenos, que abalam a segurança interna dos seus Estados-Membros. A agência Europol exerce a sua atividade com o objetivo de auxiliar as autoridades competentes dos Estados-Membros no combate a todas as formas de criminalidade que atingem a segurança da União Europeia.[141]

Atualmente, a capacidade de intervenção da Europol ultrapassa o mero auxílio nas investigações e ações dos Estados-Membros, mas também as complementa com ações de iniciativa própria. Estabelecendo igualmente, relações de cooperação com países terceiros e com os **setores privados.**

Desta forma, abre-se a porta a possíveis acordos entre a Europol e o **setor privado,** onde se inclui a **segurança privada** (e não só), expressando por várias vezes, a necessidade de **cooperação com o setor privado,** nas mais diversas áreas de criminalidade[142].

O setor da segurança privada na União Europeia vive um impasse semelhante ao da Comunidade Internacional: **a falta de regulamentação.** Já tivemos a oportunidade de verificar, que em certas situações a UE tem contornado este vazio legislativo, tendo que recorrer à segurança privada.[143]

A Europol já prevê no seu documento de Programação de 2021-2023, a possibilidade de **criar parcerias público-privadas,** de acordos cooperativos, partilha de informações em certas investigações e de formação do pessoal.[144]

---

[141] Art. 3º, nº 1 do **Regulamento (UE) 2016/794, do Parlamento Europeu e do Conselho**, de 11 de Maio, que cria a Agência da União Europeia para a Cooperação Policial (Europol).
[142] AZEDO, Diogo António Marques Rodrigues Dias. **Segurança Privada**: Análise Comparativa dos Regimes Jurídicos Português e Macaense e Propostas de Inovação Legislativa no âmbito da Região Administrativa Especial de Macau. Dissertação de Mestrado. Lisboa: Nova School of law, 2021.
[143] Ibidem.
[144] Ibidem.

Existem em torno de **2 milhões de seguranças privados na Europa**, dos quais 1,5 estão na UE[145].

De acordo com a revista profissional de segurança *Security Magazine* é preciso aproveitar e saber "**explorar o potencial de milhões de olhos e ouvidos é uma oportunidade que já vários países aproveitaram, criando parcerias público-privadas e acordos para a troca de informações**. Ao fazerem isso, procuram otimizar a resiliência, garantindo que não exista um elo mais fraco na cadeia de segurança, devendo existir uma segurança contínua."[146]

Em 2018, o número total **de trabalhadores da segurança privada** na UE, estava um pouco a baixo no número de agentes de segurança pública[147]. Observando o desenvolvimento da indústria deste setor nos últimos anos, **o número de policiais em serviço vai ser ultrapassado**. Já no ano 2014, o volume de negócios de segurança privada atingia **um terço das despesas em serviços de segurança pública**, tendo em conta que no ano 2000 era só de um quarto.[148]

Em 2016, a **indústria da segurança privada** produziu **mais de 44 bilhões de Euros na Europa**. Em comparação, as despesas totais dos governos com **serviços policiais** na UE foram **mais de 140 bilhões de Euros**[149].

Podemos concluir, que até do ponto de vista financeiro, seria mais benéfico para os orçamentos de cada Estado-Membro **criar uma legislação em nível internacional**, de forma a se poder retirar todas as vantagens possíveis **no uso**

---

[145] BAKER, Paul. BROUGHTON, Andrea. *Anticipating, Preparing and Managing Employment Change in the Private Security Industry.* ECORYS, Final Report. Brussels, 2018, p. 18.
[146] SEGURANÇA PRIVADA: O Novo Normal. *Security Magazine*, **Revista dos Profissionais de Segurança,** 2019. Disponível em: <https://www.securitymagazine.pt/2019/12/05/seguranca-privada-o-novo-normal/> Acesso em: 08 Ago 2023.
[147] BAKER, Paul. BROUGHTON, Andrea. *Anticipating, Preparing and Managing Employment Change in the Private Security Industry.* ECORYS, Final Report. Brussels, 2018. p. 19.
[148] COESS: *Confederation of European Security Services. The Security Continuum in the New Normal.* **Sixth European Security Summit**. Rome, 2019. p. 8.
[149] BAKER, Paul. BROUGHTON, Andrea. *Anticipating, Preparing and Managing Employment Change in the Private Security Industry.* ECORYS, Final Report. Brussels, 2018. p. 17.

de empresas de segurança privada e através da **colaboração e cooperação entre essas e a UE**.[150]

Como podemos constatar, o **setor da segurança privada é extremamente crucial para se alcançar a segurança da UE**: "A segurança na Europa não é mais imaginável sem a capacidade maciça do setor de segurança privada.[151]". Atualmente, **a segurança privada é tão indispensável** que os cidadãos já a consideram como uma realidade certa e natural. Se pararmos para nos aperceber, há seguranças privados por toda parte.[152]

Estes fatos só dão relevo à importância da **criação de uma regulamentação em nível internacional**, que até hoje ainda não foi totalmente elaborada. Infelizmente, não se consegue compreender a morosidade na legislação deste setor, que como se sabe e provou inúmeras vezes, **constitui uma componente imprescindível da segurança como um todo**.[153]

2.4.4. Segurança Privada em Portugal

A segurança pública é uma responsabilidade primária do Estado. Ainda assim, antes de avançarmos para o enquadramento legal da **segurança privada de Portugal**, mostra-se relevante abordar esta **interligação** entre a **segurança pública** e a **segurança privada**, a fim de conseguirmos compreender como é que ambas exercem as suas atividades e funções de forma a alcançarem os seus objetivos em comum e em harmonia. No que diz respeito à **segurança do**

---

[150] AZEDO, Diogo António Marques Rodrigues Dias. **Segurança Privada**: Análise Comparativa dos Regimes Jurídicos Português e Macaense e Propostas de Inovação Legislativa no âmbito da Região Administrativa Especial de Macau. Dissertação de Mestrado. Lisboa: Nova School of law, 2021.

[151] SEGURANÇA PRIVADA: O Novo Normal. **Security Magazine**, Revista dos Profissionais de Segurança, 2019. Disponível em: <https://www.securitymagazine.pt/2019/12/05/seguranca-privada-o-novo-normal/> Acesso em: 08 Ago 2023.

[152] AZEDO, Diogo António Marques Rodrigues Dias. **Segurança Privada**: Análise Comparativa dos Regimes Jurídicos Português e Macaense e Propostas de Inovação Legislativa no âmbito da Região Administrativa Especial de Macau. Dissertação de Mestrado. Lisboa: Nova School of law, 2021.

[153] Ibidem.

Estado, Jorge Bacelar Gouveia acredita que é importante **atingir o equilíbrio entre a segurança pública e a segurança privada**.[154]

Importante reter que não estamos perante uma **"privatização" absoluta do setor de segurança privada**, mas apenas de **algumas atribuições**. Isto é, transfere-se o **exercício da atribuição** e não a **atribuição propriamente dita**[155].

A ampliação do setor de segurança privada, surge num momento em que o Estado não consegue atender à demanda da população por segurança, no ponto de vista de Viviane Cubas.[156]

Posto isso, e com base no Relatório Anual de Segurança Privada de 2020, podemos descrever este setor como **verdadeiramente representativo do caráter transversal da segurança privada**, não só enquanto um mercado de sistema econômico puro, mas também enquanto um dos **pilares fundamentais da segurança integrada em democracia**.[157]

Em Portugal a **primeira empresa de vigilância**, a Custódia – Organização de Vigilância e Prevenção Lda, foi criada em 1965[158]. Foi fundada por suecos que eram na época, (alguns ainda o são) acionistas da *Securitas BV* da Suécia. Durante os seus dois primeiros anos mantiveram o nome, depois mudaram para Custódia/*Securitas* e depois, já em 1975/76, para *Securitas*-Vigilância e Alarmes, SARL. Hoje chama-se *Securitas* – Serviços e Tecnologia de Segurança, SA.[159]

---

[154] GOUVEIA, Jorge Bacelar. **Direito da Segurança**: Cidadania, Soberania e Cosmopolitismo. 1ª Edição. Coimbra: Editora Almedina, 2018. p. 901.

[155] O Estado nesta situação em específico, transfere às empresas de segurança privada o exercício da proteção de pessoas, de bens e de prevenção da criminalidade. No entanto, esta função / poder (público) nunca deixa de estar nas mãos do Estado, isto porque a ele lhe pertence.

[156] CUBAS, Viviane de Oliveira. **Segurança Privada**: A expansão dos serviços de proteção e vigilância em São Paulo. Brasil: Associação Editorial Humanitas, 2017. p. 73.

[157] AZEDO, Diogo António Marques Rodrigues Dias. **Segurança Privada**: Análise Comparativa dos Regimes Jurídicos Português e Macaense e Propostas de Inovação Legislativa no âmbito da Região Administrativa Especial de Macau. Dissertação de Mestrado. Lisboa: Nova School of law, 2021.

[158] ARAÚJO, José Miguel. Ocorrências Violentas em Contexto de Segurança Privada. Universidade Fernando Pessoa, Faculdade de Ciências Humanas e Sociais. **1º Ciclo de Criminologia**, Projeto de Graduação, 2018, p. 13.

[159] ARAÚJO, José Miguel. **História da Segurança Privada**. Site da Empresa de Segurança Privada *Intersept*. Disponível em: <https://www.intersept.com.br/historia-da-seguranca-privada/>. Acesso em 08 Ago 2023.

A atividade de segurança privada nasceu nos anos 60, porém foi nas décadas de 70 e 80 que este setor se consolidou no país. O principal motivo deste florescimento deve-se infelizmente ao crescimento da criminalidade na comunidade portuguesa, após o 25 de abril.[160]

Em Portugal, de acordo com o Relatório Anual de Segurança Privada, em 31 de dezembro de 2020, contavam-se **60.233 (58 090 em 2019) seguranças privados habilitados**. Tendo em conta que em 21 de dezembro de 2012 haviam registados 38.402 vigilantes ativos, o volume de negócios das empresas de segurança privada ascende a **762 milhões de euros**"[161].

Este volume de negócios cresceu em 2019, quando as empresas de segurança privada analisadas registaram um **volume de negócios de 880 milhões de euros**, o que corresponde a um **crescimento de 7,6% face a 2018**[162]. Em 2019, as **forças de segurança pública** eram representadas por **44. 317 agentes**.[163]

Temos uma diferença de **13.773 em 2019** e de **quase 16.000 em 2020** de **profissionais de segurança privada** em relação à **polícia portuguesa**.

Portugal possuía em 2017, **448 empresas de segurança privada.** O setor da segurança privada em Portugal é representado por um grande número de empresas nacionais e estrangeiras sem que exista uma verdadeira concentração do mercado. As quatro maiores empresas em Portugal, que ao todo representam pouco mais de 54% da quota de mercado, exercem uma grande variedade de serviços enquanto as de menor dimensão tentam focar os seus esforços para um limitado espectro de serviços.[164]

---

[160] Ibidem.

[161] Portugal tem 78 mil seguranças registados. **Jornal de Notícias**. Porto. 18 de Fevereiro de 2014;

[162] SEGURANÇA PRIVADA: Mercado da Segurança Privada Cresce 7,8% Em Portugal. *Security Magazine*, **Revista dos Profissionais de Segurança**, 2020. Disponível em: <https://www.securitymagazine.pt/2020/10/21/mercado-da-seguranca-privada-cresce-78-em-portugal/> Acesso em 25 Jul 2023.

[163] **Por data-base de dados Portugal contemporâneo**: Pessoal ao serviço nas polícias e outros organismos de apoio à investigação. 2019.

[164] CONCEIÇÃO, Maurício *et al.* **O mercado da segurança humana privada em Portugal**. Universidade Autônoma de Lisboa. Lisboa, 2017.

Ademais, o **mercado de segurança privada em Portugal** tem sido alvo de **práticas de concorrência desleal** por parte de algumas empresas de menor dimensão, sacrificando os rendimentos dos seus próprios trabalhadores de modo a ganhar contratos por concurso público. Estas práticas, além de ilegais, diminuem o bem-estar social e degeneram a eficiência do mercado.[165]

A deficiente fiscalização tem sido indicada com um **fator agravante desta falha**. As empresas líderes de mercado têm tentado contrariar estas práticas através da via legal, e na aposta da segurança eletrônica, onde as empresas de menor dimensão não conseguem penetrar devido aos elevados custos associados.[166]

No entanto, mostra-se relevante destacarmos que Portugal é o **quinto país na União Europeia com mais policiais** *per capita*. No fim de 2018, Portugal tinha **mais de 450 policiais por cada 100 mil habitantes**, um número que vem crescendo e que coloca o país no quinto lugar da União Europeia, em termos relativos. Em primeiro lugar está o Chipre (566 polícias por 100 mil habitantes) e em último a Finlândia (139).[167]

Importa ressaltar que Portugal vem caindo neste ranking. Isso porque **em 2008 era o segundo país da União Europeia com mais policiais por habitantes.** Segundo um estudo da Organização das Nações Unidas, existe uma média de 4,7 policiais por cada mil habitantes. **Em nível global**, o país ocupa o **sétimo lugar** da tabela das nações com **mais policiais por cidadãos**[168].

---

[165] Ibidem.

[166] Ibidem.

[167] FERREIRA, Beatriz. Portugal é o quinto país da UE com mais polícias, mas muitos estão atrás da secretária. **Observador**. 30 de dezembro de 2020. Disponível em: <https://observador.pt/2020/12/30/portugal-e-o-quinto-pais-da-ue-com-mais-policias-mas-muitos-estao-atras-da-secretaria/#:~:text=Portugal%20%C3%A9%20o%20quinto%20pa%C3%ADs%20da%20Uni%C3%A3o%20Europeia%20com%20mais,feira%20pelo%20Jornal%20de%20Not%C3%ADcias>. Acesso em: 25 Jul 2023.

[168] PORTUGAL é 2° país com mais polícia. **Correio da Manhã**. Lisboa. 25 de Agosto de 2008. Disponível em: <https://www.cmjornal.pt/politica/detalhe/portugal-e-2-pais-com-mais-policia>. Acesso em: 25 Jul 2023.

2.5. Desafios da Segurança Privada no Brasil

Nesse tópico, conheceremos os principais desafios da segurança privada no Brasil.

Incialmente, estudaremos o problema dos serviços clandestinos de segurança privada e seus impactos na economia e segurança.

Em seguida, veremos o motivo da estagnação do setor de segurança privada e seus impactos na criação de empregos, renda e impostos.

Por fim, estudaremos a necessidade da aprovação do Estatuto da Segurança Privada e seus benefícios.

2.5.1. *Serviços Clandestinos de Segurança Privada e a participação de policiais*

Assim como os serviços regulares, **expandem-se também** os **serviços clandestinos de segurança**, que têm **ampla participação de policiais** e representam um dos principais problemas relacionados à privatização da segurança no Brasil. O mercado clandestino reúne empresas e vigilantes que não possuem autorização para atuar ou que atuam em atividades para as quais não estão legalmente autorizados.[169]

A participação de policiais se dá tanto no mercado **regular** quanto no **irregular**, no qual atuam como sócios, administradores, instrutores, despachantes ou como vigilantes. Justamente por ser **irregular** e envolver a **clandestinidade**, não existem dados precisos sobre esse mercado. Os números disponíveis são estimativas realizadas com base em denúncias recebidas pela

---

[169] CUBAS, Viviane de Oliveira. A expansão dos serviços de proteção e vigilância em São Paulo: novas tecnologias e velhos problemas. **Revista Brasileira de Segurança Pública**, v. 11, n. 2, 2017. Disponível em: <https://revista.forumseguranca.org.br/index.php/rbsp/article/view/864>. Acesso em: 08 Ago. 2023.

Polícia Federal e até mesmo pela perda de serviços por parte das empresas regulares. Segundo estimativas da FENAVIST para 2015, **existem 5 mil empresas irregulares em todo o país**, quase três vezes o número de empresas regulares.[170]

As empresas irregulares podem contar com a presença de **policiais** entre seus proprietários, e alguns estudos indicam a **alta frequência de grupos organizados dentro das próprias corporações policiais** para a atividade de **"bico" como segurança**. A participação de policiais na segurança privada é sempre justificada, em primeiro lugar, pelos **baixos salários da corporação**, e o **"bico"** funcionaria como um **complemento à renda**; em segundo lugar, pela ideia de que os **policiais são as pessoas mais qualificadas** para atuar nessa atividade. A prática do **"bico"** parece ser amplamente difundida entre as polícias brasileiras.[171]

Estudo realizado no Rio de Janeiro em 2004 aponta que **apenas três em cada 100 policiais militares não fazem "bico"**. A solicitação de porte de armas para bombeiros e agentes penitenciários naquele estado se mostrou também uma estratégia adotada por esses profissionais para se inserir no mercado da segurança.[172]

O impacto da atividade do **"bico" como vigilante** pode ser percebido nas **mortes de policiais**. Estudo da Ouvidoria de Polícia de São Paulo (2011) indica que, nos últimos dez anos, **70% dos policiais militares e civis mortos no**

---

[170] FENAVIST. **A Polícia Federal em parceria com a Fundação Brasileira de Ciências Policiais e apoio da Fenavist lança campanha contra a clandestinidade**. Fenavist, 22 jun. 2015. Disponível em: <https://fenavist.org.br/policia-federal-em-parceria-com-fundacao-brasileir/>. Acesso em: 08 Ago 2023.
[171] CUBAS, Viviane de Oliveira. A expansão dos serviços de proteção e vigilância em São Paulo: novas tecnologias e velhos problemas. **Revista Brasileira de Segurança Pública**, v. 11, n. 2, 2017. Disponível em: <https://revista.forumseguranca.org.br/index.php/rbsp/article/view/864>. Acesso em: 08 Ago. 2023.
[172] CORTES, Vanessa de Amorim. **A participação de policiais militares na segurança privada**. Monografia (Especialização em Políticas Públicas de Justiça Criminal e Segurança Pública). Universidade Federal Fluminense, Niterói, 2004.

Estado foram assassinados durante o **seu horário de folga**. Entre 2001 e 2010, foram **811 policiais mortos**, dos quais **80% eram policiais militares**[173].

Essas mortes, segundo representantes das polícias e pesquisadores, são explicadas pela **participação de policiais nos serviços de segurança** realizados em **seus períodos de folga**. Nessa atividade, além de comprometer seus horários de descanso e recuperação de um trabalho extremamente desgastante, os policiais atuam muitas vezes sozinhos, sem toda a estrutura física da polícia disponível às atividades de policiamento, **ficando mais vulneráveis às ações de criminosos.**

O exercício de atividade na segurança privada por policiais é **proibido** pela **Lei Orgânica da polícia**, que define essa atividade não como crime, mas como uma irregularidade perante a corporação, que pode ser punida de diferentes formas, conforme o que dispuser a lei orgânica[174]

Contudo, apesar da proibição, parecem existir dentro das corporações **redes de solidariedade** que comportam, movimentam e legitimam o "bico", que vão desde a negociação entre policiais para adequar as escalas de trabalho, de forma a não comprometer as atividades extras, até mesmo a camaradagem de impedir que policiais que atuam nessas atividades sejam identificados em ocorrências que cheguem à polícia.

Nessas situações, costuma-se registrar no boletim de ocorrência que um policial à paisana passava pelo local no momento da ocorrência[175].

---

[173] CUBAS, Viviane de Oliveira. A expansão dos serviços de proteção e vigilância em São Paulo: novas tecnologias e velhos problemas. **Revista Brasileira de Segurança Pública**, v. 11, n. 2, 2017. Disponível em: <https://revista.forumseguranca.org.br/index.php/rbsp/article/view/864>. Acesso em: 08 Ago. 2023.

[174] RICARDO, Carolina de Matos. **Regulamentação, fiscalização e controle sobre a segurança privada no Brasil.** Dissertação (Mestrado em Direito). Faculdade de Direito da Universidade de São Paulo, São Paulo, 2006.

[175] CORTES, Vanessa de Amorim. **A participação de policiais militares na segurança privada.** Monografia (Especialização em Políticas Públicas de Justiça Criminal e Segurança Pública). Universidade Federal Fluminense, Niterói, 2004.

Ainda que os baixos salários sejam a justificativa para a atuação nesse mercado, ela não se restringe às praças da Polícia Militar. Mesmo policiais de altas patentes, e consequentemente com maiores salários, atuam nas atividades de segurança privada.

As empresas e os grupos clandestinos de segurança, por sua vez, **têm grande interesse em ter policiais em seus quadros**, seja porque consideram que os policiais são profissionais tecnicamente capacitados para a atividade de segurança e, com isso, apropriam-se de uma formação que foi custeada pelo Estado; seja porque veem a presença de policiais como um "facilitador" das atividades, por terem autorização para portar arma de fogo em qualquer lugar ou por receberem atendimento prioritário entre os colegas, funcionando como um "canal direto" entre a sua clientela e a polícia.[176]

Esses **serviços clandestinos** são frequentemente alvo de combate de sindicatos e associações do setor. Além de diretamente afetados por esse mercado irregular, que concorre com preços muito inferiores aos praticados pelas empresas regularizadas, os empresários frequentemente se queixam que **a fiscalização acaba sendo muito mais rigorosa com as grandes empresas do que com as pequenas e irregulares**, seja pelo fato de a agência de controle não conseguir atender a todas as denúncias seja pelas dificuldades de averiguar a atuação de grupos que, muitas vezes, não possuem uma sede física.

Empresas clandestinas são aquelas que não possuem autorização da Polícia Federal para prestar os serviços de segurança privada. A contratação de empresas clandestinas para o exercício de atividades de segurança privada constitui um risco enorme.

De fato, **empresas clandestinas** não cumprem os requisitos exigidos pela Lei 7.102/83, utilizam como profissionais "seguranças" sem nenhum critério de

---

[176] CUBAS, Viviane de Oliveira. A expansão dos serviços de proteção e vigilância em São Paulo: novas tecnologias e velhos problemas. **Revista Brasileira de Segurança Pública**, v. 11, n. 2, 2017. Disponível em: <https://revista.forumseguranca.org.br/index.php/rbsp/article/view/864>. Acesso em: 08 Ago. 2023.

recrutamento e seleção, não se preocupando em checar a o perfil do indivíduo, seus antecedentes criminais, não exigindo o curso de formação de vigilantes, a reciclagem de conhecimentos (obrigatória a cada dois anos) e a Carteira Nacional de Vigilante – CNV, expedida pela Polícia Federal. A contratação de serviços clandestinos de segurança privada coloca em risco a integridade física e do patrimônio dos tomadores do serviço.

Com relação aos **riscos da segurança irregular (clandestina),** tanto o contratante como a contratada estão sujeitos a eventual responsabilização administrativa, cível, penal e trabalhista quando a empresa Contratada não é uma empresa autorizada pela Polícia Federal (clandestina) ou, quando utilizam trabalhadores irregulares.

Observe a seguir, alguns **riscos reais** aos quais estão sujeitos os **envolvidos com a segurança irregular (clandestina):**[177]

Para o Contratante:

- Presença de pessoas inabilitadas e de idoneidade duvidosa (com antecedentes criminais ou sem perfil para o exercício da atividade) no interior de empresa, estabelecimento ou domicílio privado, tendo acesso a informações da rotina do local, seus bens e valores.
- Responsabilidade direta nos âmbitos penal, cível, administrativo, trabalhista e fiscal, pelas possíveis irregularidades praticadas pelas empresas clandestinas.
- Constituir-se em sujeito passivo da obrigação tributária, na forma do disposto no artigo 121, I e II do Código Tributário Nacional.
- Presença de armas e munições de origem irregular (armas sem registro, contrabandeadas, roubadas e/ou furtadas) no interior do estabelecimento podendo causar problemas de ordem criminal na forma da Lei 10.826/03 (estatuto do desarmamento).

---

[177] FENAVIST. **A Polícia Federal em parceria com a Fundação Brasileira de Ciências Policiais e apoio da FENAVIST lança campanha contra a clandestinidade.** FENAVIST, 22 jun. 2015. Disponível em: <https://fenavist.org.br/policia-federal-em-parceria-com-fundacao-brasileir/>. Acesso em: 08 Ago 2023.

Para a Contratada:

- Responsabilidade criminal por exercício irregular de profissão, além da possível prática dos delitos previstos nos artigos 205 e 330 do Código Penal Brasileiro.

- Responsabilidade criminal por porte ilegal de armas, caso forneçam ou permitam o uso de armas de fogo pelo trabalhador irregular (Lei 10.826/03).

Para o trabalhador irregular

Poderá ser preso em flagrante delito pelas seguintes infrações:
- Crime de porte ilegal de arma (artigos 14 ou 16 da Lei 10.826/03).
- Contravenção Penal por exercício irregular da profissão.

Além dos riscos, **o trabalhador que faz segurança de forma irregular:**

- Não é reconhecido como profissional de segurança privada.
- Não recebe uniforme especial, padronizado pela Lei.
- Não se habilita a possuir a Carteira Nacional do Vigilante – CNV.
- Não se habilita a ter porte de armas em serviço.
- Não recebe o salário da categoria estabelecido em Convenções Coletivas de Trabalho.
- Não recebe a sua rescisão contratual.
- Não recebe os direitos trabalhistas e previdenciários.
- Não tem direito a seguro de vida em grupo, previsto nas Convenções Coletivas de Trabalho e na própria legislação.
- Trabalha com armas de origem escusa e sem controle.
- Não possui a capacitação exigida pela Lei nº 7.102 que o habilita como profissional de segurança privada (vigilante).

2.5.2. *Estagnação do Setor de Segurança Privada*

Uma análise do segmento da segurança privada desde 2017 constata que **vários dos números da atividade continuam estagnados**, sendo que as maiores variações são, com raras exceções, para baixo[178].

Mesmo com os esforços de todos os empresários, superando inclusive dois anos de uma pandemia que assolou a economia mundial, os dados demonstram que, em **um cenário de economia praticamente sem crescimento no país, o setor da segurança privada decresce de forma vertiginosa**[179].

Fazendo uma comparação rápida, **de 2017 a 2023 não houve crescimento do número de empresas autorizadas a funcionar no país.** Em 2017 o setor contava com 4.801 empresas autorizadas pela Polícia Federal, e até junho deste ano são 4.804 empresas em funcionamento[180].

No último ano, 2022, no pós-pandemia, o incremento foi de apenas 2,34% em relação a 2021. Eram **4.694 empresas em funcionamento em 2022 e 3.625 em 2021**. É importante destacar que, devido à pandemia, entre os anos de 2020 e 2021 muitos prazos da Polícia Federal, como o de renovação da autorização de funcionamento, foram estendidos, o que pode ter gerado alguma discrepância em relação aos outros anos[181].

De acordo com a Polícia Federal, **existem hoje 2.963 empresas especializadas na prestação do serviço de segurança privada e outras 1.841 empresas orgânicas**, ou seja, aquelas que podem, com autorização da Polícia Federal, executar a sua própria segurança[182].

---

[178] FÓRUM BRASILEIRO DE SEGURANÇA PÚBLICA. **17º Anuário Brasileiro de Segurança Pública**. São Paulo: Fórum Brasileiro de Segurança Pública, 2023. Disponível em: <https://forumseguranca.org.br/wp-content/uploads/2023/07/anuario-2023.pdf>. Acesso em: 08 Ago 2023.
[179] Ibidem.
[180] Ibidem.
[181] Ibidem.
[182] Ibidem.

Dados da Polícia Federal mostram ainda que, **entre 2017 e 2023, houve uma queda de 99.433 no número de vigilantes empregados no Brasil**, uma redução de cerca de 17% em todo o período. Em 2017, 584.506 profissionais atuavam nas empresas de segurança privada. No primeiro semestre deste ano, o efetivo chegou a 485.073, registrando uma **queda de 2,2%, totalizando uma perda de 10.916 postos de trabalho**[183].

A grande maioria dos vigilantes, 464.060, está empregada nas empresas especializadas. O restante, 21.013, nas empresas orgânicas[184].

Mesmo com um **pequeno aumento de 9% no número de cursos de formação e aperfeiçoamento de vigilantes autorizados pela Polícia Federal**, que passou de 300, em maio de 2022, para 328, em março deste ano, segundo a Associação Brasileira de Cursos e Aperfeiçoamento de Vigilantes (ABCFAV), no ano passado, **787.914 pessoas estavam com o curso de formação ou reciclagem exigidos pela PF em dia**. Em 2023, são **775.640 profissionais aptos a exercerem a profissão**. Esse número já foi superior a um milhão em anos anteriores[185].

Outro dado que corrobora a estagnação dos indicadores da segurança privada diz respeito ao **faturamento das empresas**, que inclui não apenas lucro, mas também todas as despesas. Apesar de não ser possível fazer a estimativa de 2022 por falta de acesso aos dados atualizados do IBGE, a consultoria econômica da Federação Nacional das Empresas de Segurança e Transporte de Valores (FENAVIST) estimou, em 2021, um **faturamento da ordem de R$ 36,3 bilhões**, bem próximo ao que tem sido registrado desde 2018.[186]

Para voltar a crescer e gerar empregos em um momento que a economia brasileira anseia por uma retomada significativa, a **segurança privada precisa**

---

[183] Ibidem.
[184] Ibidem.
[185] Ibidem.
[186] Ibidem.

de duas grandes vitórias no Senado Federal: a reforma tributária e a aprovação do Estatuto da Segurança Privada.[187]

A primeira diz respeito à **reforma tributária**, que acaba de chegar à casa após ser aprovada na Câmara dos Deputados. Apesar de ser alardeada e comemorada por vários segmentos econômicos como uma reforma necessária e que vai simplificar e otimizar a cobrança dos impostos, o texto aprovado pelos deputados **é prejudicial ao setor de prestação de serviços**, o que inclui a segurança privada.[188]

De acordo com o texto aprovado e encaminhado ao Senado, **o setor de segurança privada** e todos os setores com mão de obra preponderante, estarão fadados a **aumento de carga tributária**, e, consequentemente haverá **impacto no preço do serviço**, o que fatalmente **afugentará o contratante**.

É preciso ressaltar, ainda, que o **maior tomador de serviço de segurança privada é a administração pública** que, em caso de **alta no preço**, será impactada diretamente.

Diante desse cenário, mudanças no texto por parte dos senadores são imprescindíveis para uma **tributação mais justa e igualitária para os setores que mais empregam**.

Também é de se lamentar que a **segurança privada não tenha sido contemplada com a desoneração da folha de pagamentos**, que, já há alguns anos, beneficia 17 setores da economia com **alíquotas diferenciadas** na tributação da folha. O argumento é que são os **maiores geradores de emprego no país**. No entanto, não se pode excluir uma atividade que gera cerca de 500 mil empregos diretos, como é o caso da segurança privada.[189]

---

[187] Ibidem.
[188] Ibidem.
[189] Ibidem.

2.5.3. Novo Estatuto da Segurança Privada

Outra questão fundamental, que depende exclusivamente do Senado, é a aprovação do **novo Estatuto da Segurança Privada**. O texto que moderniza a Lei 7.102/1983, que regulamenta a atividade, tramita no Congresso Nacional desde 2010. O texto já aprovado pela Câmara dos Deputados, aguarda a votação final pelo Senado desde o final de 2016 e há sete anos aguarda a votação no Senado Federal.[190]

A modificação da Lei 7.102/1983, que rege a segurança privada há quase 40 anos, **é tão urgente** que o **Conselho Nacional de Justiça (CNJ)** emitiu uma **nota técnica** que defende a rapidez na aprovação do Estatuto da Segurança Privada (Substitutivo da Câmara nº 6/2016 ao Projeto de Lei do Senado nº 135/2010). [191]

Segundo o texto, "**celeridade na apreciação desse projeto de lei representa medida oportuna e de extrema relevância para o adequado controle e fiscalização do segmento da segurança privada, armada ou desarmada, regular ou irregular, e, por conseguinte, para a eliminação de todas as formas de discriminação, com a promoção do respeito aos direitos humanos no exercício da atividade**". [192]

O documento é resultado do trabalho desenvolvido no âmbito do Grupo de Trabalho, do qual a Federação Nacional das Empresas de Segurança e Transporte de Valores faz parte. O colegiado foi instituído pela Portaria da Presidência do CNJ 81/2021, com o objetivo de discutir as melhores práticas na prestação de serviços de segurança privada.

No voto, o então conselheiro Mário Guerreiro, que presidiu o Grupo de Trabalho e foi o relator do tema no Plenário do Conselho Nacional de Justiça, disse que

---

[190] Ibidem.
[191] FÓRUM BRASILEIRO DE SEGURANÇA PÚBLICA. **16º Anuário Brasileiro de Segurança Pública**. São Paulo: Fórum Brasileiro de Segurança Pública, 2022. Disponível em: <https://forumseguranca.org.br/wp-content/uploads/2022/06/anuario-2022.pdf?v=15>. Acesso em: 08 Ago 2023.
[192] Ibidem.

"o exercício ilegal da atividade é um dos grandes ensejadores dos problemas enfrentados no setor" e que "boa parte dessa ilegalidade decorre da obsolescência da legislação reguladora da atividade, que remonta a 1983 (Lei n° 7.102/1983) e que deixou, por essa razão, de atender às demandas necessárias à formação dos prestadores de serviços, com o desenvolvimento de uma cultura inclusiva, e à melhor fiscalização pela Polícia Federal"[193].

O conselheiro observou ainda, pelo fato de o Estatuto da Segurança Privada estar em fase final de aprovação no Senado desde o final de 2016, "**que o caminho para alteração da realidade hoje verificada no setor se mostra mais tangível e acessível (...), é certo que a existência de um projeto de lei que já se encontra em tramitação nas casas legislativas garante celeridade e materialidade à transformação pretendida, sobretudo porque se extraem da proposta significativos benefícios**"[194].

Ao elencar as **melhorias que o Estatuto trará à segurança privada e à sociedade**, a **nota técnica** também destaca a **criação de empregos formais**. "**Estima-se que, para cada profissional regular na segurança privada, existem dois irregulares. Logo, a aprovação do estatuto permitirá a legalização da atividade desses profissionais**." A **segurança jurídica** é outro benefício citado[195].

O CNJ explica que a **fiscalização por parte da Polícia Federal também é limitada, "em razão da fragilidade do regramento jurídico atual no que se refere à repreensão e à imposição de sanções adequadas às empresas que funcionam sem a devida autorização. O novo estatuto, porém, garantirá o combate mais efetivo e rigoroso às empresas clandestinas e irregulares, com a criminalização daquelas que funcionem sem a devida autorização e a imposição de penalidades**"[196].

---

[193] Ibidem.
[194] Ibidem.
[195] Ibidem.
[196] Ibidem.

A nota técnica lembra ainda que o **Estatuto da Segurança Privada** estabelece **novas funções**, isso permitirá que atividade exerça um **serviço ainda mais bem qualificado.**

Outro ponto elencado diz respeito à **discriminação.** "Preceitua, outrossim, que os profissionais de segurança privada têm, como dever, o **respeito à dignidade e à diversidade da pessoa humana; o exercício da atividade com probidade, desenvoltura e urbanidade**; a comunicação obrigatória ao seu chefe imediato sobre quaisquer incidentes ocorridos durante o serviço, assim como quaisquer irregularidades ou deficiências do equipamento ou material que utiliza, além de outras obrigações que se destinam a garantir mais segurança a pessoas e clientes dos estabelecimentos salvaguardados pela segurança privada."

O documento também destaca que "está igualmente prevista a **inserção do segmento da segurança eletrônica** no setor de segurança privada, ainda hoje sem regulamentação e fiscalização", e que institui novas penas para quem atua de forma ilegal.

"**A prática da atividade clandestina**, sem a devida autorização de funcionamento pela Polícia Federal, **passará a configurar crime** e estará sujeita a **penas rigorosas**, como a de um a três anos de prisão e multa. Também estão previstos o **fechamento imediato da empresa; a apreensão**, pela Polícia Federal, **de todo o material utilizado na prestação de serviços ilegais**; o **aumento da pena para crimes de roubo, furto e dano a carros-fortes das empresas de segurança privada especializadas em transporte de valores**, assim como nos casos de **crimes cometidos contra os vigilantes privados**", explica o texto[197].

Além da sugestão de que o Estatuto seja votado com celeridade, o CNJ determinou o encaminhamento da **nota técnica** aos presidentes do Senado Federal e da Câmara dos Deputados, ao ministro-chefe da Casa Civil da

---

[197] Ibidem.

Presidência da República, ao ministro da Justiça e da Segurança Pública e à Procuradoria-Geral da República.

Sem a aprovação desta matéria a atividade não tem como se desenvolver, já que está sob regras estabelecidas há 40 anos, **que não acompanharam a evolução e modernização da segurança privada no Brasil e no mundo**, com todas as inovações tecnológicas inseridas na segurança eletrônica.

Mesmo com algumas atualizações feitas por decretos e portarias, **a legislação em vigor está totalmente obsoleta**, inclusive **impede a fiscalização mais efetiva da Polícia Federal**, que se ressente de legislação que possa **criminalizar a segurança clandestina**, que deve ser combativa de maneira mais severa e efetiva.

A nova legislação, além de trazer mais segurança jurídica para as empresas devidamente legalizadas no país, **abrirá caminho para a geração de milhares de novos empregos** e consequente **geração de renda**.

Assim, o segmento de **segurança privada** aguarda com muita ansiedade a aprovação por parte dos senadores deste importante marco para o setor da segurança privada, que sempre contribuiu para o desenvolvimento e a geração de empregos no Brasil.

2.6. Exercícios de fixação

Questão 1

Durante o século XVI, na Inglaterra, surgiram os primeiros "vigilantes" para evitar roubos. As pessoas escolhidas para o cargo deviam ser hábeis na luta e no uso da espada. O serviço era remunerado pelos senhores feudais com recursos dos impostos cobrados dos súditos. Nesta época, os riscos advinham dos bandidos saqueadores, dos nobres ambiciosos e dos sacerdotes sanguinários.

De acordo com nosso estudo, a primeira empresa de segurança privada oficial do mundo foi criada por:

a) Henry Wells e William Fargo
b) Allan Pinkerton
c) Washington Perry Brink
d) Clifford Shering
e) David Bayley

Alternativa correta: "a"

Justificativa:
Henry Wells e William Fargo, que haviam fundado a **American Express** em 1850, vislumbraram uma enorme e rentável oportunidade de negócio. Exatamente no dia 18 de março de 1852 estes fundaram na cidade de Nova York a **Wells, Fargo & Co.**, considerada a **primeira empresa de segurança privada oficial do mundo**

Questão 2

As noções quanto aos termos **polícia** e **policiamento** se fortaleceram no mundo a partir de então, alinhavadas à própria concepção de **Estado Moderno** que lhes davam sustentação.

O policiamento privado se diferencia do policiamento público de maneira mais marcante pelos aspectos, salvo:

a) No tipo de contrato no qual se baseia
b) No grau de investimento que mobiliza
c) No tipo de mentalidade que mobiliza;
d) Nos tipos de práticas que mobiliza;
e) No grau de especialização que possui.

Alternativa correta: "b"

Justificativa:
A letra b não corresponde a um dos aspectos marcantes que diferencia o policiamento privado do público. Os demais correspondem.

Do ponto de vista de suas **características mais gerais**, o policiamento privado se diferencia do policiamento público de maneira mais marcante pelo menos em **três aspectos:**
   1) No tipo de contrato no qual se baseia;

2) No tipo de mentalidade e práticas que mobiliza; e
3) No grau de especialização que possui.

Questão 3

No Brasil, os agentes de segurança autorizados a atuar oficialmente no setor da segurança privada são designados "vigilantes", que "são os profissionais capacitados em curso de formação, empregados de empresa especializada ou de empresa possuidora de serviço orgânico de segurança, registrados na Polícia Federal, e responsáveis pela execução de atividades de segurança privada.
Para o exercício da profissão, o vigilante deverá preencher os seguintes requisitos, comprovados documentalmente, salvo:

Alternativas:
a) ser brasileiro nato ou naturalizado;
b) ter idade mínima de vinte e um anos;
c) possuir CPF.
d) ter sido aprovado em exames de saúde física, mental e de aptidão psicológica;
e) ter instrução correspondente ao ensino médio;

Alternativa correta: "e"

Justificativa:
A única alternativa errada é a letra "e". Deve ter instrução correspondente ao quinto ano do ensino fundamental.

De acordo com o artigo 150 da Portaria nº 18.045-DG/PF, de 17 de abril de 2023, **para o exercício da profissão**, o **vigilante** deverá preencher os **seguintes requisitos**, comprovados documentalmente:

I - ser brasileiro nato ou naturalizado;
II - ter idade mínima de vinte e um anos;
III - ter instrução correspondente ao quinto ano do ensino fundamental;
IV - ter sido aprovado em curso de formação de vigilante, realizado por empresa de curso de formação devidamente autorizada;
V - ter sido aprovado em exames de saúde física, mental e de aptidão psicológica;
VI - ter idoneidade comprovada mediante a apresentação de certidões negativas de antecedentes criminais sem registros de indiciamento em inquérito policial; sem registros de estar sendo processado criminalmente; ou sem registros de ter sido condenado em processo criminal (no local onde reside, bem como no local em que foi realizado o curso de formação, de reciclagem ou de extensão):
a) da Justiça Federal;

b) da Justiça Estadual ou do Distrito Federal;
c) da Justiça Militar Federal;
d) da Justiça Eleitoral; e
e) da Justiça Militar Estadual ou do Distrito Federal;
VII - estar quite com as obrigações eleitorais e militares; e
VIII - possuir CPF.

Questão 4

A expansão do mercado da segurança não está restrita ao Brasil. É uma característica mundial, ocorrendo mesmo em países onde a criminalidade não é uma das principais preocupações entre a população ou onde as políticas de segurança pública são bem-sucedidas em garantir a vida e os bens dos cidadãos.

Considerando o tema do texto acima, marque a alternativa correta:

a) 1/3 da população do planeta vivem em países onde existem mais trabalhadores no setor de segurança particular do que na polícia
b) 1/4 da população do planeta vivem em países onde existem mais trabalhadores no setor de segurança particular do que na polícia
c) 1/2 da população do planeta vivem em países onde existem mais trabalhadores no setor de segurança particular do que na polícia.
d) 1/5 da população do planeta vivem em países onde existem mais trabalhadores no setor de segurança particular do que na polícia
e) 1/6 da população do planeta vivem em países onde existem mais trabalhadores no setor de segurança particular do que na polícia

Alternativa correta: "c"

Justificativa:
Uma pesquisa conduzida pelo "*The Guardian*" revelou que metade da população do planeta vivem em países onde existem mais trabalhadores no setor de segurança particular do que na polícia

Questão 5

Assim como os serviços regulares, expandem-se também os serviços clandestinos de segurança e representam um dos principais problemas relacionados à privatização da segurança no Brasil.

Com base no texto acima, marque a alternativa errada:

a) Os serviços clandestinos de segurança têm ampla participação de policiais.
b) Policiais somente participam do mercado irregular de segurança privada, fazendo "bicos" de segurança.
c) Existem mais empresas de segurança privada irregulares do que regulares no Brasil.
d) O impacto da atividade do "bico" como vigilante pode ser percebido nas mortes de policiais.
e) As empresas e os grupos clandestinos de segurança têm grande interesse em ter policiais em seus quadros.

Alternativa correta: "b"

Justificativa:
a) Certo. Assim como os serviços regulares, expandem-se também os serviços clandestinos de segurança, que têm ampla participação de policiais e representam um dos principais problemas relacionados à privatização da segurança no Brasil.
b) Errado. A participação de policiais se dá tanto no mercado regular quanto no irregular, no qual atuam como sócios, administradores, instrutores, despachantes ou como vigilantes
c) Certo. Segundo estimativas da FENAVIST para 2015, existem 5 mil empresas irregulares em todo o país, quase três vezes o número de empresas regulares.
d) Certo. O impacto da atividade do "bico" como vigilante pode ser percebido nas mortes de policiais. Estudo da Ouvidoria de Polícia de São Paulo (2011) indica que, nos últimos dez anos, 70% dos policiais militares e civis mortos no Estado foram assassinados durante o seu horário de folga. Entre 2001 e 2010, foram 811 policiais mortos, dos quais 80% eram policiais militares.
e) Certo. As empresas e os grupos clandestinos de segurança, por sua vez, têm grande interesse em ter policiais em seus quadros, seja porque consideram que os policiais são profissionais tecnicamente capacitados para a atividade de segurança e, com isso, apropriam-se de uma formação que foi custeada pelo Estado; seja porque veem a presença de policiais como um "facilitador" das atividades, por terem autorização para portar arma de fogo em qualquer lugar ou por receberem atendimento prioritário entre os colegas, funcionando como um "canal direto" entre a sua clientela e a polícia.

CONSIDERAÇÕES FINAIS

A **violência**, conforme vimos, é um **problema social global** que atravessa a história da humanidade, sendo encontrada em todas as sociedades e tradições culturais. Trata-se de uma problemática interdisciplinar que hoje tem um lugar garantido enquanto foco de atenção da mídia, do discurso político e da sociedade. Já a **violência urbana persiste** como **um dos mais graves problemas sociais no Brasil,**

Os estudos confirmam o **diagnóstico de violência feito pelos historiadores: a violência criminosa era um modo normal de comportamento num mundo em que os meios jurídicos eram inacessíveis à maioria**

Portanto, os **conhecimentos históricos** permitem perceber uma **progressiva civilização dos costumes** e uma **diminuição da violência criminosa**. Tal processo tem como contrapartida uma **gestão cada vez mais restritiva da vida social** e a **ascensão dos controles sociais**. Em todo caso, se há um aumento da violência, ela não se encontra do lado da criminalidade, ou então é porque **nos tornamos extraordinariamente sensíveis a uma insegurança que nunca foi tão fraca.**

Por outro lado, **a mídia tem um fator preponderante no sentimento de insegurança das pessoas. Uma das consequências mais importantes da ação da mídia** é contribuir para **tornar a violência irreal, banalizando as imagens.** Dessa forma, **questionamos se o que houve foi um aumento da criminalidade ou o que houve foi o aumento da divulgação desses crimes por meio da mídia? Ou o que houve foi um aumento do número de registros de crimes nos órgãos de controle social?**

Vimos que, malgrado o que acredita o senso comum, o problema da violência não deve ser **policiado** e sim **politizado**, por meio de **Políticas Públicas** multidisciplinares, transversais, dentre as quais, **Políticas Públicas de Segurança Pública**

Que **os problemas da violência e criminalidade devem ser enfrentados por todos: sociedade** e **Estado**. Em outras palavras, a **polícia** é só um dos instrumentos de enfrentamento da violência e da criminalidade, não o principal nem o único.

A **polícia** atua de forma a **preventiva**, evitando que o crime aconteça, e **repressiva**, prendendo os que cometeram crimes. Mas, perceba, ela atua na **consequência** do problema. Nesse sentido, deve-se atuar também, e principalmente, na **causa** dos problemas que geram a violência e insegurança pública: enfrentar a **causa** e a **consequência** desses problemas concomitantemente.

Esclarecemos que **a polícia não reduz a violência** e sim **reduz o sentimento de insegurança,** com sua presença ostensiva e com as prisões de criminosos.

Desmistificamos a ideia do senso comum também de que é possível **acabar com a violência ou com a criminalidade**. Na verdade, **esse pensamento é errôneo, pois sempre haverá violência. Isso porque ela é um fenômeno social, intrínseco à própria condição humana e da vida sem sociedade**.

Nesse sentido, o presente estudo teve por **objetivo** analisar a **segurança pública e privada no Brasil** sob o viés sociológico, considerando seus problemas, paradigmas e desafios para o enfrentamento da violência e da criminalidade.

Dessa forma, o trabalho foi dividido em **duas partes: 1) Da segurança Pública; e 2) Da segurança privada**, considerando que esta complementa aquela.

Na **primeira parte** tratamos da **Segurança Pública**. No **primeiro capítulo** apresentamos uma visão geral sobre **sociedade e segurança**, com ênfase no problema da violência no Brasil; origem, evolução conceitual. Apresentamos os conceitos técnicos dos temas ligados à segurança pública e à polícia, destacando suas diferenças; desmistificamos as causas da violência e da insegurança pública.

Na **segunda parte**, tratamos da **Segurança Privada**. No **segundo capítulo**, apresentamos uma **visão geral sobre a segurança privada**, com ênfase no problema da violência no Brasil. Estudamos o **histórico da segurança privada**, sua origem, expansão e números do mercado; os **significados e funções da segurança privada**; os **sistemas de segurança privada**, suas características gerais, o vigilante como agente de segurança e o controle e fiscalização da segurança privada; apresentamos o **panorama internacional da segurança privada**, especialmente na América Latina, União Europeia e em Portugal; e, por fim, conhecemos **os principais desafios da segurança privada no Brasil**.

Nesse sentido, concluímos que o nível de sofisticação da criminalidade, especificamente no último quartel do século XX, permitiu o surgimento e difusão de **organizações criminosas mundo** afora e, em especial, no Brasil. Vimos que estudos recentes propõem que as organizações criminosas adquiriram poder suficiente para enfrentar o governo e disputar com ele o controle de territórios e populações.

Com efeito, assevera-se que a **macrocriminalidade** tem evoluído de forma constante e vertiginosa, em especial quando a gravidade une os componentes de organização e transnacionalidade. Nesse contexto, tem-se desenvolvido, como peça-chave, um novo cenário dentro da "sociedade de risco" marcada por uma **crise de Administração da Justiça**, mais pressionada no campo penal, sendo um dos fatores dessa situação a **ineficiência dos Estados no enfrentamento desse problema**.

Aduz-se que **ainda somos uma nação violenta e profundamente marcada pelas diferenças raciais, de gênero, geracionais e regionais** que caracterizam quem são e onde vivem as vítimas da violência letal.

Mostramos que o problema da segurança pública no Brasil é uma consequência primária da **injustiça social** e não da **pobreza**, ao contrário do que afirma o senso comum. **Pobreza não gera crime e nem violência**. A pobreza é heroicamente honesta, de forma geral, e criminosos há entre os pobres e entre os ricos. Por evidência empírica, do ponto de vista proporcional, é fácil perceber que a situação é até mais grave entre os segmentos abastados.

Já a **injustiça social** é, sem dúvida, **um elemento predisponente da insegurança pública, da violência e da criminalidade**. Isso é uma verdade particularmente em culturas periférico-dependentes da grande economia de mercado, como a brasileira, submetidas a um predomínio da **ideologia consumista** e com uma classe consumidora numericamente considerável.

A causa *mater* **da violência** é o somatório de um **tripé absolutamente explosivo**: a **péssima distribuição de renda**, a **ideologia consumista** (especialmente predominante nos segmentos mais jovens, independentemente de classe social, os mais vitimizados e mais perpetradores de crimes) e a **quase ausência do mundo adulto na condição educadora** (que é, sempre e necessariamente, a da provocação construtiva do juízo moral autônomo, da autonomia intelectual e dos valores solidários)

É fácil olhar para a juventude brasileira e perceber seu **abandono no campo moral** (não na perspectiva do moralismo, mas do compromisso com a dignidade de si mesma e do outro), pela **ausência de autoridade** (e não de autoritarismo) do mundo adulto, muito possivelmente porque o mundo adulto, ele mesmo, não possua quase nenhuma compreensão do sejam valores morais.

A onipresença da ideologia do consumo em **países mais desenvolvidos** não é, por si mesma, fundamento da explosão de crime ou violência. É, sim, fundamento de insatisfação individual, de falta de sentido existencial, de depressão, de perda de significado para a vida. Isso porque, nos países desenvolvidos, a onipresença do consumismo é – paradoxalmente – ansiogenicamente alimentada, mas também aplacada pelo consumo. Neles, pelo menos, **o sujeito (ou objeto?) tem recursos para consumir.**

Ao consumir é subsumido na passividade triste. **Nos países periféricos**, como o nosso ("emergente", sim, mas periférico, é bom que não se esqueça), a onipresença ideológica do consumismo se encurrala no "beco sem saída" da falta de poder aquisitivo da maioria. **O resultado é a violência e o crime**.

Por outro lado, **o quadro dramático da Segurança Pública brasileira** tem sido **agravado** pelo **amadorismo**, pelo **empirismo**, pelo **"conhecimento da ponta"**, **das ruas** (que não pode ser desprezado, mas tampouco maximizado), **pela mera "intuição"**. As políticas intuitivas constituem-se em um verdadeiro desastre histórico para a segurança do povo brasileiro.

Um novo paradigma de segurança pública passa por um processo de **municipalização da segurança pública** e a **introdução de programas federais para a área**, além da **complementariedade com a segurança privada**.

Até recentemente, o problema da segurança pública era compreendido como algo que diz respeito apenas ao **governo estadual** e, dentro dele, especificamente aos órgãos do sistema de justiça criminal: polícia, ministério público, judiciário e administração prisional. Nas últimas décadas, todavia, parece ter havido um alargamento da questão de segurança pública, tanto do ponto de vista conceitual quanto administrativo: de problema estritamente policial, passa a questão **multidisciplinar**, envolvendo diversos níveis e instâncias administrativas **com a complementação da segurança privada**.

Conceitualmente, um **tratamento multidisciplinar da criminalidade** se dá não somente sobre o **crime**, mas também sobre **suas causas**; não somente por meio da **polícia** e do suporte material das forças policiais, mas ainda pela **intersecção de diferentes áreas de governo**, por meio de **novas políticas públicas**. Isto é, o novo conceito trata de uma **abordagem preventiva** do crime.

Administrativamente, um **tratamento multidisciplinar do crime** seria caracterizado por uma expansão das esferas de governo responsáveis pela segurança pública e a **complementação com a segurança privada**.

A ideia de **paradigma** diz respeito a um **novo entendimento** sobre o **controle do crime e da violência** e remete à **responsabilização de toda estrutura federativa** no tratamento dessas questões, além de considerar um **enfoque no papel dos municípios** como instância de implementação de políticas públicas de segurança. Ou seja, pressupõe-se o **rompimento com o modelo vigente.**

Nesse sentido, a **descentralização** significa então um processo decisório mais democrático, com **envolvimento de todos os entes federativos** e participação social na formulação de políticas, com a **complementação da segurança privada.**

REFERÊNCIAS BIBLIOGRÁFICAS

ADORNO, Luís; MUNIZ, Tiago. As 53 facções criminosas brasileiras. *In:* **Anuário Brasileiro de Segurança Pública:** Especial Eleições 2022. Fórum Brasileiro de Segurança Pública, 2022.

ADORNO, Sérgio. Exclusão socioeconômica e violência urbana. **Sociologias**. Porto Alegre, ano 4, nº 8, p. 84-135, jul/dez. 2002.

ADORNO, Sérgio. Políticas de Segurança Pública e Justiça Penal. **Cadernos Adenauer,** Rio de Janeiro, ano IX, n. 4, pp. 9-27, 2008. Disponível em: <https://repositorio.usp.br/item/001777950> Acesso em: 27 Jul 2023.

ADORNO, Sérgio; ALVARADO, Arturo. Criminalidade e a governança de grandes metrópoles na América Latina: Cidade do México (México) e São Paulo (Brasil). In: LESSING, Benjamin; MONTEIRO, Joana; MISSE, Michel (Org.). **Dilemas, Revista de Estudos de Conflito Controle Social** – Rio de Janeiro – Edição Especial nº 4 – 2022 – pp. 79-115.

AGRA, Wendell Beetoven Ribeiro. O controle das políticas públicas de segurança e da eficiência da atividade policial. *In*: BRASIL. Conselho Nacional do Ministério Público. **O Ministério Público e o Controle Externo da Atividade Policial**. Vol. 2. Brasília: CNMP, 2019.

ALEXY, Robert. **Teoria dos direitos fundamentais**. 2ª ed. 4ª tir. São Paulo: Malheiros, 2015.

ANDRADE, Arnaldo Rosa de. **Planejamento estratégico**: formulação, implementação e controle. 2. ed. São Paulo: Atlas, 2016.

ARAÚJO, Edmir Netto de. **Curso de Direito Administrativo.** 3ª ed. São Paulo: Saraiva, 2007

ARAÚJO, José Miguel. **História da Segurança Privada**. Site da Empresa de Segurança Privada *Intersept*. Disponível em: <https://www.intersept.com.br/historia-da-seguranca-privada/>. Acesso em 08 Ago 2023.

ARAÚJO, José Miguel. Ocorrências Violentas em Contexto de Segurança Privada. Universidade Fernando Pessoa, Faculdade de Ciências Humanas e Sociais. **1º Ciclo de Criminologia**, Projeto de Graduação, 2018.

ATIENZA, Manoel; VIGO, Rodolfo Luís. **Código Ibero-americano de ética judicial**. Brasília: CJF, 2008.

ÁVILA, Thiago André Pierobom. O controle pelo Ministério Público das políticas de segurança pública. *In*: Conselho Nacional do Ministério Público. **O Ministério Público e o controle externo da atividade policial**: Dados 2016.Brasília: CNMP, 2017.

AVRITZER, Leonardo. **Instituições participativas e desenho institucional.** Opinião Pública (UNICAMP), v. 14, p. 43-64, 2008.

AZEDO, Diogo António Marques Rodrigues Dias. **Segurança Privada**: Análise Comparativa dos Regimes Jurídicos Português e Macaense e Propostas de Inovação Legislativa no âmbito da Região Administrativa Especial de Macau. Dissertação de Mestrado. Lisboa: Nova School of law, 2021.

BAILEY, John; DAMMERT, Lucía. *Reforma policial y participación militar en el combate a la delincuencia. Análisis y desafíos para América Latina. In: Revista Fuerzas Armadas y Sociedad.* Volume 19, Nº 1. Ano 2005, pp. 133-152.

BAKER, Paul. BROUGHTON, Andrea. *Anticipating, Preparing and Managing Employment Change in the Private Security Industry.* ECORYS, Final Report. Brussels, 2018.

BALESTRERI, Ricardo. Um novo paradigma de segurança pública. *In*: COSTA, IF., and BALESTRERI, RB., orgs. **Segurança pública no Brasil**: um campo de desafios [online]. Salvador: EDUFBA, 2010, pp. 57-67.

BALLESTEROS, Paula Rodriguez. Gestão de Políticas Pública no Brasil: problemas, impasses e desafios. **Revista Brasileira de Segurança Pública**. São Paulo, v. 8, n. 1, pp. 6-22, Fev/Mar, 2014, p. 7. Disponível em: <https://www.academia.edu/40483219/Gest%C3%A3o_de_politicas_de_segura n%C3%A7a_p%C3%BAblica_no_Brasil> Acesso em: 26 jul. 2023.

BALTAZAR JÚNIOR, José Paulo. **Crimes Federais**. 5ª ed. Porto Alegre: Livraria do Advogado, 2010, p. 505- 512) apud ADI 4414/AL -STF.

BALTAZAR JUNIOR, José Paulo. Limites constitucionais à investigação. O conflito entre o direito fundamental à segurança e o direito de liberdade no âmbito da investigação criminal. *In*: CUNHA, Rogério Sanches; TAQUES, Pedro; GOMES, Luiz Flávio (coords.) **Limites constitucionais da investigação**. São Paulo: Revista dos Tribunais, 2009.

BANDEIRA DE MELLO, Celso Antônio. **Curso de direito administrativo**. 14. ed. São Paulo: Malheiros, 2002.

BAYLEY, David H. **Padrões de policiamento**: uma análise internacional comparativa. Tradução de Renê Alexandre Belmonte. 2ª Ed. 1ª reimpr. São Paulo: Editora Universidade de São Paulo, 2006.

BAYLEY, David H.; SHEARING, Clifford. *The future of policing. Law and Society Review*, v. 30, n. 3, p. 585-606, June 1996.

BARROSO, Luís Roberto; Barcellos, Ana Paula de. O começo da história. A nova interpretação constitucional e o papel dos princípios no direito brasileiro. **Revista de Direito Administrativo**, 2003, pp. *232*, 141–176. Disponível em: <https://doi.org/10.12660/rda.v232.2003.45690> Acesso em: 27 Jul 2023.

BAZOTE, Mirian. **Introdução ao estudo da segurança privada**. Senhora Segurança, Santo André, 2016. Disponível em: <https://www.bibliotecadeseguranca.com.br/wp-content/uploads/2016/04/Introducao-ao-Estudo-da-Seguranca.pdf>. Acesso em: 02 Ago 2023.

BEATO FILHO, Cláudio Chaves. Políticas Públicas de Segurança e a questão policial. **São Paulo em Perspectiva**, v. 13, pp. 74-87, 1998. Disponível em: <https://www.researchgate.net/publication/237281689_Politicas_publicas_de_seguranca_e_a_questao_policial> Acesso em: 26 Jul 2023.

BRASIL. **Anuário Brasileiro de Segurança Pública**. Fórum Brasileiro de Segurança Pública, 2018. Disponível em: <https://forumseguranca.org.br/wp-content/uploads/2019/03/Anuario-Brasileiro-de-Seguranc%CC%A7a-Pu%CC%81blica-2018.pdf>. Acesso em: 28 Jul 2023.

BRASIL. **Anuário Brasileiro de Segurança Pública 2018-2021**. Especial Eleições 2022. Fórum Brasileiro de Segurança Pública, 2022. Disponível em: <https://forumseguranca.org.br/wp-content/uploads/2022/07/anuario-2022-ed-especial--OLDv1.pdf>. Acesso em: 20 Ago 2023.

BRASIL. **Código Tributário Nacional**. Disponível em: https://www.planalto.gov.br/ccivil_03/leis/l5172compilado.htm. Acesso em: 15 Jul 2023.

BRASIL. **Constituição Federal de 1988**. Disponível em <https://www.planalto.gov.br/ccivil_03/constituicao/constituicao.htm>. Acesso em 15 Jul 2023.

BRASIL. **Decreto nº 9.288, de 16 de fevereiro de 2018**. Disponível em: <https://www.planalto.gov.br/ccivil_03/_ato2015-2018/2018/decreto/d9288.htm#:~:text=DECRETO%20N%C2%BA%209.288%2C%20DE%2016,grave%20comprometimento%20da%20ordem%20p%C3%BAblica>. Acesso em: 28 Jul 2023.

BRASIL. **Decreto nº 10.822, de 28 de setembro de 2021**. Disponível em: <https://www.planalto.gov.br/ccivil_03/_Ato2019-2022/2021/Decreto/D10822.htm#art11> Acesso em: 27 Jul 2023.

BRASIL. **Decreto nº 11.107, de 29 de junho de 2022**. Disponível em: <https://www.planalto.gov.br/ccivil_03/_ato2019-2022/2022/decreto/d11107.htm#:~:text=DECRETO%20N%C2%BA%2011.107%2C%20DE%2029,para%20Profissionais%20de%20Seguran%C3%A7a%20P%C3%BAblica.>. Acesso em 28 Jul 2023.

BRASIL. **Lei nº 7.102, de 20 de junho de 1983**. Disponível em: <https://www.planalto.gov.br/ccivil_03/leis/l7102.htm#:~:text=LEI%20N%C2%BA%207.102%2C%20DE%2020%20DE%20JUNHO%20DE%201983.&text=Disp%C3%B5e%20sobre%20seguran%C3%A7a%20para%20estabelecimentos,v

alores%2C%20e%20d%C3%A1%20outras%20provid%C3%AAncias>. Acesso em: 02 Ago 2023.

BRASIL. **Lei nº 9.883, de 7 de dezembro de 1999**. Instituiu o Sistema Brasileiro de Inteligência – SISBIN. Disponível em: <https://www.planalto.gov.br/ccivil_03/leis/l9883.htm>. Acesso em: 27 Jul 2023.

BRASIL. **Lei nº 10.201, de 14 de fevereiro de 2001**. Institui o Fundo Nacional de Segurança Pública. Disponível em: < https://www.planalto.gov.br/ccivil_03/leis/leis_2001/l10201.htm> Acesso em: 28 Jul 2023.

BRASIL. **Lei nº 13.425, de 30 de março de 2017**. Disponível em: <https://www.planalto.gov.br/ccivil_03/_ato2015-2018/2017/lei/l13425.htm>. Acesso em: 27 Jul 2023.

BRASIL. **Lei nº 13.460, de 26 de junho de 2017**. Disponível em: <https://www.planalto.gov.br/ccivil_03/_ato2015-2018/2017/lei/l13460.htm> Acesso em: 27 Jul 2023.

BRASIL. **Lei nº 13.675 de 11 de junho de 2018**. Disponível em: <https://www.planalto.gov.br/ccivil_03/_ato2015-2018/2018/lei/L13675.htm> Acesso em 27 Jul 2023.

BRASIL. **Lei nº 13.756, de 12 de dezembro de 2018**. Criou o Sistema Único de Segurança Pública. Disponível em: <https://www.planalto.gov.br/ccivil_03/_ato2015-2018/2018/lei/L13756.htm>. Acesso em 28 Jul 2023.

BRASIL. **Lei nº 13.965, de 26 de dezembro de 2019**. Disponível em: <https://www.planalto.gov.br/CCiVil_03/_Ato2019-2022/2019/Lei/L13965.htm#:~:text=L13965&text=Abre%20aos%20Or%C3%A7amentos%20Fiscal%20e,constantes%20da%20Lei%20Or%C3%A7ament%C3%A1ria%20vigente>. Acesso em: 28 Jul 2023.

BRASIL. **Ministério da Justiça e Segurança Pública**. Disponível em: <https://www.gov.br/mj/pt-br/acesso-a-informacao/participacao-social/cnsp/sobre_o_CNSP/>. Acesso em 27 Jul 2023.

BRASIL. Ministério da Justiça e Segurança Pública. **Cartilha de Cooperação Jurídica Internacional em matéria Penal**. Brasília: Ministério da Justiça, 2014. Disponível em: < https://www.gov.br/mj/pt-br/assuntos/sua-protecao/lavagem-de-dinheiro/drci/publicacoes/manuais/cooperacao-juridica-internacional-em-materia-penal/cartilha-penal-09-10-14-1.pdf

BRASIL. Ministério da Justiça e Segurança Pública. **Diagnóstico dos Conselhos Estaduais de Segurança Pública e de Direitos Humanos**. In: Coleção Pensando a Segurança Pública. Volume 3. Políticas Públicas: Análise e Diagnósticos. Brasília – DF, 2013.

BRASIL. Ministério da Justiça e Segurança Pública. **Ministério da Justiça e Segurança Pública realiza** *webinário* **sobre transferências da União para Segurança Pública.** Disponível em: <https://www.gov.br/mj/pt-br/assuntos/noticias/ministerio-da-justica-e-seguranca-publica-realiza-webinario-sobre-transferencias-da-uniao-para-seguranca-publica> Acesso em: 28 Jul 2023.

BRASIL. Ministério da Justiça e Segurança Pública. **MJSP divulga resultado da Pesquisa Nacional sobre a Valorização do Profissional de Segurança Pública.** Disponível em: <https://www.gov.br/mj/pt-br/assuntos/noticias/mjsp-divulga-resultado-da-pesquisa-nacional-sobre-a-valorizacao-do-profissional-de-seguranca-publica> Acesso em: 28 Jul 2023.

BRASIL. Ministério da Justiça e Segurança Pública: Polícia Federal. **Portaria nº 18.045-DG/PF, de 17 de abril de 2023**. Disciplina as atividades de segurança privada e regula a fiscalização dos Planos de Segurança dos estabelecimentos financeiros. Disponível em: <https://www.gov.br/pf/pt-br/assuntos/seguranca-privada/legislacao-normas-e-orientacoes/portarias/portaria-18045-dou.pdf/view>. Acesso em 07 Ago 2023.

BRASIL. Ministério da Justiça e Segurança Pública: Polícia Federal – **Relatório 2005** (disponível em http://www.políciafederal.gov.br).

BRASIL. Ministério da Justiça e Segurança Pública. **Portaria nº 275/2021**, art. 3º. Disponível em: <https://site.mppr.mp.br/sites/hotsites/arquivos_restritos/files/migrados/File/2499_Portaria_275-2021_MJ.pdf>. Acesso em: 28 Jul 2023.

BRASIL. Ministério da Justiça e Segurança Pública. **Programas de valorização e de capacitação dos profissionais de segurança pública ganham reforço em 2021.** Disponível em: <https://www.gov.br/mj/pt-br/assuntos/noticias/programas-de-valorizacao-e-de-capacitacao-dos-profissionais-de-seguranca-publica-ganham-reforco-em-2021>. Acesso em: 29 Jul 2023.

BRASIL. Ministério da Justiça e Segurança Pública. **Pró-Vida**. Disponível em: <www.gov.br/mj/provida>. Acesso em: 28 Jul 2023.

BRASIL. Ministério da Justiça e Segurança Pública. **Sistema Único de Segurança Pública; Política Nacional de Segurança Pública; e Plano Nacional de Segurança Pública – 2018 – 2028**. Disponível em: <https://cispregional.mpba.mp.br/wp-content/uploads/2020/04/11.-Plano-Nacional-de-Seguran%C3%A7a-P%C3%BAblica-2018-compactado.pdf> Acesso em: 15 Jul 2023.

BRASIL. Ministério da Justiça e Segurança Pública. **Sumário Executivo:** Pesquisa Nacional sobre a Valorização dos Profissionais de Segurança Pública. Disponível em: <https://www.gov.br/mj/pt-br/assuntos/sua-seguranca/seguranca-publica/pro-vida/sumario_executivo.pdf>. Acesso em 28 Jul 2023.

BRASIL. **MPV 821, de 26 de fevereiro de 2018**. Disponível em: <https://www.camara.leg.br/proposicoesWeb/fichadetramitacao?idProposicao= 2168386>. Acesso em: 28 Jul 2023.

BRASIL. **Portaria nº 40, de 29 de janeiro de 2020**. Disponível em: <https://www.gov.br/mj/pt-br/acesso-a-informacao/participacao-social/cnsp//legis> Acesso em: 27 Jul 2023.

BRASIL. **Portaria nº 629-MJSP, de 8 de julho de 2019**. Disponível em: <file:///D:/DOCUMENTOS/LEANDRO/Downloads/portaria-mjsp-no-631-2019-criterios-de-rateio.pdf> Acesso em: 28 Jul 2023.
BRASIL. Superior Tribunal de Justiça (5. Turma). **HC 77771 / SP**. Brasília, DF. Relatora: Ministra Laurita Vaz., Dje. 22 de setembro de 2008. Disponível em: <https://processo.stj.jus.br/SCON/jurisprudencia/toc.jsp?i=1&b=ACOR&livre=((%27HC%27.clap.+e+@num=%2777771%27)+ou+(%27HC%27+adj+%277777 1%27.suce.))&thesaurus=JURIDICO&fr=veja> Acesso em: 25 Jun 2022.

BUTTON, Mark. *Private policing. Portland:* William Publishing, 2002.

BUCCI, Maria Paula Dallari. O conceito de política pública em direito. *In*: BUCCI, Maria Paula Dallari. **Políticas públicas**: reflexões sobre o conceito jurídico. São Paulo: Saraiva, 2006.

CALDEIRA, Teresa Pires do Rio. **Cidade de Muros** – Crime, segregação e cidadania em São Paulo. São Paulo: Ed. 34 / Edusp. 2000.

CALDEIRA, Teresa Pires do Rio. **"Ter medo em São Paulo"**. *In* Brant, V.C. (org.). São Paulo Trabalhar e Viver. São Paulo, Editora Brasiliense, 1989.

CAMPOS, Eduardo Luiz Cavalcanti. **O princípio da eficiência no processo civil brasileiro**. Rio de Janeiro: Forense, 2018.

CARVALHO, Sabrina Nasser de. **Processos coletivos e políticas públicas**: mecanismos para a garantia de uma prestação jurisdicional democrática. São Paulo: Contracorrente, 2016.

CASTRO, Bruno Ribeiro. **Cooperação policial internacional e o combate ao crime organizado transnacional**: uma perspectiva subordinada aos direitos e garantias individuais dos Seres Humanos. 90p. Dissertação (Mestrado em Ciências Policiais - área de especialização em Criminologia e Investigação Criminal) - Instituto Superior de Ciências Policiais e Segurança Interna. Lisboa: 2019. Disponível em: <https://comum.rcaap.pt/bitstream/10400.26/30389/1/DISSERTA%C3%87%C3 %83O%20-%20INSTITUTO%20SUPERIOR%20DE%20CI%C3%8ANCIAS%20POLICIAIS %20E%20SEGURAN%C3%87A%20INTERNA%20-%20final.pdf> Acesso em: 25 Jul 2023.

CAVALCANTE, Márcio André Lopes. A guarda municipal, por não estar entre os órgãos de segurança pública previstos no art. 144 da CF, não pode exercer atribuições das polícias civis e militares; a sua atuação deve se limitar à proteção de bens, serviços e instalações do município. **Buscador Dizer o Direito**, Manaus. Disponível em: <https://www.buscadordizerodireito.com.br/jurisprudencia/detalhes/5455b984d8 8b183aa7274186832afdaf>. Acesso em: 26 Jul 2023.

CERQUEIRA, Daniel et al. **Atlas da Violência 2019**. Brasília: Ipea; FBSP, 2019. Disponível em: <https://www.ipea.gov. br/portal/images/stories/PDFs/relatorio_institucional/190605_atlas_da_violencia _2019.pdf>. Acesso em: 22 jun. 2023.

CERQUEIRA, Daniel et al. **Atlas da Violência 2020**. Brasília: Ipea; FBSP, 2020. Disponível em: <https://www. ipea.gov.br/atlasviolencia/download/24/atlas-da-violencia-2020>. Acesso em: 22 jun. 2023.

CERQUEIRA, Daniel et al. **Atlas de Violência 2021**. São Paulo: FBSP, 2021, p. 11. Disponível em: <https://www.ipea.gov.br/atlasviolencia/arquivos/artigos/5141-atlasdaviolencia2021completo.pdf>. Acesso em: 22 jun. 2023.

CERQUEIRA, Daniel. **Mapa de homicídios ocultos no Brasil**. Texto para Discussão 1848, Brasília, DF, Instituto de Pesquisa Econômica Aplicada (Ipea), jul. 2013.

COCA, Flávio Maltez. Sistema Policial Brasileiro. In: PEREIRA, Eliomar da Silva (Org.). **Estudo da Polícia**. Brasília: ANP, 2016.

COESS: Confederation of European Security Services. The Security Continuum in the New Normal. **Sixth European Security Summit**. Rome, 2019.

COMPARATO, Fábio Konder. **Ensaio sobre o juízo de constitucionalidade de políticas públicas**. São Paulo: Revista dos Tribunais, 1997.

CONCEIÇÃO, Maurício et al. **O mercado da segurança humana privada em Portugal**. Universidade Autônoma de Lisboa. Lisboa, 2017.

CORTES, Vanessa de Amorim. **A participação de policiais militares na segurança privada**. Monografia (Especialização em Políticas Públicas de Justiça Criminal e Segurança Pública). Universidade Federal Fluminense, Niterói, 2004.

CRETELLA JÚNIOR, José. **Tratado de Direito Administrativo**: Poder de Polícia e Polícia. 2ª ed. Rio de Janeiro: Forense, 2006.

CUBAS, Viviane de Oliveira. **A expansão das empresas de segurança privada em São Paulo**. Dissertação de Mestrado. São Paulo, Faculdade de Filosofia, Letras e Ciências Humanas da USP, 2002.

CUBAS, Viviane de Oliveira. A expansão dos serviços de proteção e vigilância em São Paulo: novas tecnologias e velhos problemas. **Revista Brasileira de Segurança Pública**, v. 11, n. 2, 2017. Disponível em: <https://revista.forumseguranca.org.br/index.php/rbsp/article/view/864>. Acesso em: 08 Ago. 2023.

DIAS, Cadu. Mundo das Marcas. *Wells Fargo*. Disponível em: <https://mundodasmarcas.blogspot.com/2015/02/wells-fargo.html> Acesso em: 02 Ago 2023.

DI PIETRO, Maria Sylvia Zanella. **Direito administrativo**. 33. ed. Rio de Janeiro: Forense, 2020.

ERNESTO, Leandro Miranda. **Infiltração Policial no Crime Organizado**: sua institucionalidade e relação discricionária persecutória. Rio de Janeiro: Lumen Juris, 2023.

ERTHAL, Carolina Naciff de Andrade. **A Segurança pública como direito fundamental e como tarefa estatal na Constituição brasileira de 1988**. 226p. Dissertação (Mestrado em Direito e Ciência Jurídica) – Faculdade de Direito, Universidade de Lisboa, 2021. Disponível em: <https://repositorio.ul.pt/bitstream/10451/48042/1/ulfd145961_tese.pdf>. Acesso em: 20 Jul. 2023.

ESTADO DE SÃO PAULO. Secretaria de Segurança Pública – SSP-SP. **Origem da Polícia no Brasil.** Disponível em: <https://www.ssp.sp.gov.br/Institucional/Historico/TimeLine.aspx>. Acesso em: 17 Ago 2023.

ESTADO DO RIO DE JANEIRO. Polícia Militar. **Resumo histórico da Polícia Militar do Estado do Rio de Janeiro.** Disponível em: <https://sepm.rj.gov.br/resumo-historico-da-policia-militar-do-estado-do-rio-de-janeiro/>. Acesso em: 17 Ago. 2023.

EVERTON, Antônio; CARNEIRO, Catarina. FENAVIST. **VI ESSEG**: Estudo do Setor de Segurança Privada. Brasília-DF, 2019. Disponível em: <https://fenavist.org.br/wp-content/uploads/2019/07/ESSEG-19_WEB1.pdf>. Acesso em: 02 Ago 2023.

FEDERACIÓN PANAMERICANA DE SEGURIDAD PRIVADA (FEPASEP). Disponível em: <http://www.fepasep.org/antecedentes.html>. Acesso em: 08 Ago 2023.

FENAVIST. **A Polícia Federal em parceria com a Fundação Brasileira de Ciências Policiais e apoio da FENAVIST lança campanha contra a clandestinidade.** FENAVIST, 22 jun. 2015. Disponível em: <https://fenavist.org.br/policia-federal-em-parceria-com-fundacao-brasileir/>. Acesso em: 08 Ago 2023.

FERREIRA, Beatriz. Portugal é o quinto país da UE com mais polícias, mas muitos estão atrás da secretária. **Observador**. 30 de dezembro de 2020. Disponível em: <https://observador.pt/2020/12/30/portugal-e-o-quinto-pais-da-ue-com-mais-policias-mas-muitos-estao-atras-da-secretaria/#:~:text=Portugal%20%C3%A9%20o%20quinto%20pa%C3%ADs%20da%20Uni%C3%A3o%20Europeia%20com%20mais,feira%20pelo%20Jornal%20de%20Not%C3%ADcias.>. Acesso em: 25 Jul 2023.

FERREIRA, N.J.C. **Planejamento estratégico em segurança pública**. Disponível em: www.observatoriodeseguranca.org. Acesso em: 08 Jul 2023.

FMI: FUNDO MONETÁRIO INTERNACIONAL. *World Economic Outlook-Subdued Demand, Diminished Prospects*. Ano 2016.

FORBES. **11 países com mais seguranças particulares do que policiais.** Disponível em: <https://forbes.com.br/colunas/2017/09/11-paises-com-mais-segurancas-particulares-do-que-policiais/>. acesso em: 08 Ago 2023.

FÓRUM BRASILEIRO DE SEGURANÇA PÚBLICA. **16º Anuário Brasileiro de Segurança Pública**. São Paulo: Fórum Brasileiro de Segurança Pública, 2022. Disponível em: <https://forumseguranca.org.br/wp-content/uploads/2022/06/anuario-2022.pdf?v=15>. Acesso em: 08 Ago 2023.

FÓRUM BRASILEIRO DE SEGURANÇA PÚBLICA. **17º Anuário Brasileiro de Segurança Pública**. São Paulo: Fórum Brasileiro de Segurança Pública, 2023. Disponível em: <https://forumseguranca.org.br/wp-content/uploads/2023/07/anuario-2023.pdf>. Acesso em: 02 Ago 2023.

FREIRE, Moema Dutra. Paradigmas de Segurança no Brasil: da ditadura aos nossos dias. **Revista Brasileira de Segurança Pública**, ano 3, n. 5, pp. 100-114, ago/set. 2009. Disponível em: <https://revistas.marilia.unesp.br/index.php/aurora/article/view/1219> Acesso em: 27 Jul 2023.

FREITAS, Juarez. **Discricionariedade administrativa e o direito fundamental à boa administração pública.** 2ª ed. São Paulo: Malheiros, 2009.

GASPARI, Diógenes. **Direito Administrativo**. 13ª ed. São Paulo: Saraiva, 2008.

GOMES, Luiz Flávio; CERVINI, Raúl. **Crime organizado**: enfoques criminológico, jurídico (Lei 9.034/95) e político-criminal. 2. ed. São Paulo: Editora Revista dos Tribunais, 1997.

GOMES, Luiz Flávio; SILVA, Marcelo Rodrigues da. **Organizações criminosas e técnicas especiais de investigação:** questões controvertidas, aspectos teóricos e práticos e análise da Lei 12.850/2013. Salvador: JusPodivm, 2015, p. 47.

GOMES, Victória Ayelen. (org.); FAIAD, Cristiane. (coord). **Saúde na segurança pública: indicadores e diretrizes para intervenções no âmbito do Programa Nacional de Qualidade de Vida para Profissionais de Segurança Pública – Pró-Vida.** Brasília: Ministério da Justiça e Segurança Pública, Secretaria Nacional de Segurança Pública, 2022. Disponível em: <DSpace MJ: Saúde na segurança pública: indicadores e diretrizes para intervenções no âmbito do Programa Nacional de Qualidade de Vida para Profissionais de Segurança Pública – Pró-Vida>. Acesso em: 28 Jul 2023.

GOUVEIA, Jorge Bacelar. **Direito da Segurança**: Cidadania, Soberania e Cosmopolitismo. 1ª Edição. Coimbra: Editora Almedina, 2018.

HASSEMER, Winfried. **Três temas de direito penal.** Porto Alegre: Publicações Fundação Escola Superior do Ministério Público, 1993

HOUAISS, Antônio. **Dicionário _Houaiss_ da Língua Portuguesa _online_**. Disponível em: <https://houaiss.uol.com.br/corporativo/apps/uol_www/v6-1/html/index.php#1> Acesso em: 27 Jul 2023.

ILANUD. Instituto Latino-Americano das Nações Unidas para Prevenção ao Delito e Tratamento do Delinquente. Gabinete de Gestão Institucional da Presidência da República. **Das Políticas de Segurança Pública às Políticas Públicas de Segurança.** Brasília: ILANUD, 2002. Disponível em: <https://dspace.mj.gov.br/bitstream/1/2706/1/politicas_segurancapublica_politicas_publicasseguranca.pdf> Acesso em: 27 Jul 2023.

INSTITUTO SOU DA PAZ. **Fundo Nacional de Segurança Pública**: análise da execução 2019-2022. Disponível em: <https://soudapaz.org/o-que-fazemos/conhecer/pesquisas/politicas-de-seguranca-publica/financiamento-da-seguranca-publica/#9404-2> Acesso em: 28 Jul 2023.

INTERPOL. _The International Criminal Police Organization_. Disponível em: <https://www.interpol.int/Who-we-are/INTERPOL-100> Acesso em: 25 Jul 2023.

ISMAIL FILHO, Salomão. A importância da atuação preventiva do Ministério Público ombudsman em prol da boa administração, no combate à improbidade administrativa. **Revista do Conselho Nacional do Ministério Público.** Brasília. CNMP, n. 5, 2015.

KAHN, Túlio; ZANETIC, André. **O papel dos municípios na segurança pública**. Estudos Criminológicos, n. 4, 2005.

KARAM, Maria Lúcia. Segurança pública e processo de democratização. _In_ Discursos Sediosos. **Revista do Instituto Carioca de Criminologia**, n. 5 e 6, Rio de Janeiro: Freitas Bastos, 1998.

KOWARICK, Lúcio. **Viver em Risco**: sobre a vulnerabilidade no Brasil urbano. São Paulo: Novos Estudos CEBRAP, n. 63, pp. 9-30, 2001.

LAZZARINI, Álvaro. **Temas de Direito Administrativo**. 2.ed. São Paulo: Revista dos Tribunais, 2003.

LENZA, Pedro. **Direito Constitucional Esquematizado**. 25ª ed. São Paulo: Saraiva, 2021.

LEONARDO, Arquimimo de Carvalho. Segurança, segurança pública internacional e desenvolvimento: contributo para um verbete. Bogotá: **Revista Via Iuris**, n. 11, 2011, pp. 137-148. Disponível em: <https://www.redalyc.org/articulo.oa?id=273922799008> Acesso em: 23 Jul 2023.

LESSING, Benjamin. Governança criminal na América Latina em perspectiva comparada: Apresentação à edição especial. In: LESSING, Benjamin; MONTEIRO, Joana; MISSE, Michel (Org.). **Dilemas, Revista de Estudos de Conflito Controle Social** – Rio de Janeiro – Edição Especial nº 4 – 2022 – pp. 1-10.

LIMA, Renato Sérgio; SINHORETTO, Jaqueline. Qualidade da Democracia e Polícias no Brasil. p. 53-72. In: Susana Durão; Márcio Darck. (Org.). **Polícia, Segurança e Ordem Pública Perspectivas Portuguesas e Brasileiras**. Lisboa: Instituto de Ciências Sociais, 2012. Disponível em: <https://repositorio.ul.pt/bitstream/10451/20541/1/ICS_SDurao_Policia_LEN.pdf >. Acesso em: 26 Jul 2023.

LIMA, RENATO SÉRGIO DE; BUENO, SAMIRA; MINGARDI, GUARACY. Estado, Polícias e Segurança Pública no Brasil. **Revista Direito FGV**. São Paulo: FGV Direito, v. 12, nº 1, p. 49-85, JAN-ABR, 2016.

LOPES, Cléber da Silva. O controle da segurança privada: balanço da literatura internacional e situação das pesquisas no Brasil. **BIB - Revista Brasileira de Informação Bibliográfica em Ciências Sociais**, n. 68, p. 99–115, 2009. Disponível em: <https://bibanpocs.emnuvens.com.br/revista/article/view/335>. Acesso em: 7 ago. 2023.

LOTTA, Gabriela (org.). **Teorias e Análises sobre Implementação de Políticas Públicas no Brasil**. Brasília: ENAP, 2019.

MACHADO, José Angelo; PALOTTI, Pedro Lucas de Moura. Entre cooperação e centralização: federalismo e políticas sociais no Brasil pós-1988. **Revista Brasileira de Ciências Sociais**, vol. 30, n. 88, pp. 61-82, jun 2015. Disponível em: <https://www.scielo.br/j/rbcsoc/a/BRzZtt5b3MPJkZZpxqC54br/?format=pdf&lang=pt>. Acesso em: 28 Jul 2023.

MALAQUIAS, Roberto Antônio Darós. **Segurança Pública**: um novo pacto reformista da sociedade brasileira na estruturação da defesa social. Curitiba: Juruá, 2017.

MANSO, Bruno Paes; DIAS, Camina Nunes. **A Guerra:** A Ascensão do PCC e o Mundo do Crime no Brasil. São Paulo, Todavia, 2018.

MICHAUD, Yves. **A violência**. São Paulo: Ed. Ática, 1989.

MINISTÉRIO DA JUSTIÇA. Secretaria Nacional de Segurança Pública. **Relatório de gestão**. Brasília: exercício 2021.

MOTERAN, Cícero. **Manual de Gestão de Segurança para empresas estatais e comunidades**. Belo Horizonte: Armazém de Ideias, 2007.

OCQUETEAU, Frédéric. A expansão da segurança privada na França: privatização submissa da ação policial ou melhor gestão da segurança coletiva? **Tempo Social – Revista de Sociologia da USP**, v. 9, n. 1, pp. 485-195, Mai 1997.

OLIVEIRA, Anna Lins. (Org.). **Segurança Pública e Justiça**: Direitos Humanos na Amazônia. 1 ed. Belém: Cromos Editora, 2015.

OLIVEIRA, Aryeverton Fortes de. **Empresas de vigilância no sistema de prestação de serviços de segurança patrimonial privada**: uma avaliação da estrutura de governança, 2004. Tese (Doutorado) – Escola Superior de Agricultura "Luiz de Queiroz", Universidade de São Paulo, Piracicaba-SP, 2004.

ONU. **Convenção das Nações Unidas contra o Crime Organizado Transnacional** - Convenção de Palermo. Adotada e proclamada pela Assembleia Geral da Organização das Nações Unidas em Nova York, de 15 de novembro de 2000. Disponível em <http://www.planalto.gov.br/ccivil_03/_ato2004-2006/2004/decreto/d5015.htm>. Acesso em: 27 Jul 2023.

PACHECO, Rafael. **Crime organizado** – medidas de controle e infiltração policial. Curitiba: Juruá, 2008, p. 36.

PAZ, E. V. de F. As Polícias Legislativas Estaduais, Resgate Histórico: Origem e Desenvolvimento das Polícias Institucionais dos Poderes Legislativos. **Revista Ibero-Americana de Humanidades, Ciências e Educação**, *[S. l.]*, v. 9, n. 4, p. 631–645, 2023. Disponível em: <https://periodicorease.pro.br/rease/article/view/9246>. Acesso em: 21 Ago. 2023.

PERES, Ursula Dias, *et. al.* Segurança Pública: reflexões sobre o financiamento de suas políticas públicas no contexto federativo brasileiro. **Revista Brasileira de Segurança Pública**. São Paulo v. 8, n. 1, 132-153 Fev/Mar 2014. Disponível em: <https://gvpesquisa.fgv.br/sites/gvpesquisa.fgv.br/files/arquivos/lima_-seguranca_publica.pdf>. Acesso em: 26 Jul 2023.

POLÍCIA JUDICIÁRIA. Site da Polícia Judiciária de Portugal. Disponível em: <https://www.policiajudiciaria.pt/historial/#>. Acesso em: 17 Ago 2023.

PORTO, Roberto. **Crime organizado e sistema prisional**. São Paulo: Cortez, 1987.

PORTUGAL é 2º país com mais polícia. **Correio da Manhã**. Lisboa. 25 de Agosto de 2008. Disponível em: <https://www.cmjornal.pt/politica/detalhe/portugal-e-2-pais-com-mais-policia>. Acesso em: 25 Jul 2023.

PROVOST, Claire. *The industry of inequality: why the world is obsessed with private security*. **The Guardian**, 12 de Maio de 2017. Disponível em: < https://www.theguardian.com/inequality/2017/may/12/industry-of-inequality-why-world-is-obsessed-with-private-security>. Acesso em: 25 Jul 2023.

RAMOS, Cícero Moteran. **Manual de Gestão de Segurança**: para Empresas, Estatais e Comunidades. Belo Horizonte: Armazém das Ideias, 2007.

RICARDO, Carolina de Matos. **Regulamentação, fiscalização e controle sobre a segurança privada no Brasil.** Dissertação (Mestrado em Direito). Faculdade de Direito da Universidade de São Paulo, São Paulo, 2006.

RODRIGUES, Anabela Miranda. **O direito penal europeu emergente**. Coimbra: Editora Coimbra, 2008.

SALLA, Fernando. Considerações sociológicas sobre o crime organizado no Brasil. **Revista Brasileira de Ciências Criminais**, n. 71, ano 16, mar-abr./2008. São Paulo: RT, 2008.

SANTOS, Douglas Oldegardo Cavalheiro dos. A atuação do Ministério Público nas políticas públicas de segurança. *In*: BRASIL. Conselho Nacional do Ministério Público. **O Ministério Público e o Controle Externo da Atividade Policial.** Vol. 2. Brasília: CNMP, pp. 62-77.

SANTOS, Rafael dos e SERAFIM, Luiz Carlos Guimarães. Algumas Considerações sobre Controle Social da Segurança Pública na Perspectiva das Políticas Públicas em um Estado no Século XXI. *In*: **Cadernos de Segurança Pública**. Ano 4. Número 03. Instituto de Segurança Pública: Rio de Janeiro, 2012.

SCHABBACH. Letícia Maria. A agenda da segurança pública no Brasil e suas (novas) políticas. **Avaliação de Políticas Públicas.** Porto Alegre: UFRGS, 2014. Disponível em: <https://lume.ufrgs.br/handle/10183/108157>. Acesso em: 26 Jul 2023.

SECCHI, Leonardo. **Políticas públicas**: conceitos, esquemas de análise, casos práticos. 2. ed. São Paulo: Cengage Learning, 2013.

SEGURANÇA PRIVADA: Mercado da Segurança Privada Cresce 7,8% Em Portugal. *Security Magazine*, **Revista dos Profissionais de Segurança**, 2020.

Disponível em: <https://www.securitymagazine.pt/2020/10/21/mercado-da-seguranca-privada-cresce-78-em-portugal/> Acesso em 25 Jul 2023.

SEGURANÇA PRIVADA: O Novo Normal. *Security Magazine*, **Revista dos Profissionais de Segurança,** 2019. Disponível em: <https://www.securitymagazine.pt/2019/12/05/seguranca-privada-o-novo-normal/> Acesso em: 08 Ago 2023.

SHERING, Clifford D. *Private Security: implications for social control. In* McCORMICK, K. R. E; VISANO, L. A. *Understandig policing.* Toronto: Canadian Scholar's Press, p. 542-544, 1992.

SHEARING, Clifford D.; STENNING, Philip C. *Private Security: Implications for social control.* **Social Problems**, v. 30, n. 5, p. 493-506, jun. 1983.

SILVA, Eduardo Araújo da. **Crime organizado** – procedimento probatório. São Paulo: Atlas, 2003.

SILVA, Enid Rocha Andrade da; PELIANO, Anna Maria; CHAVES, José Valente (Org.). **Agenda 2030 - ODS**: Metas Nacionais dos Objetivos de Desenvolvimento Sustentável. Brasília: Ipea, 2018. Disponível em: <www.ipea.gov.br/portal/images/stories/PDFs/livros/livros/180801_ods_metas_nac_dos_obj_de_desenv_susten_propos_de_adequa.pdf>. Acesso em: 27 Jul 2023.

SILVA, José Afonso da. **Comentário contextual à Constituição**. 8ª ed. São Paulo: Malheiros, 2012.

SILVEIRA, Renato de Mello Jorge. **Direito Econômico como Direito Penal de perigo**. São Paulo: Editora Revista dos Tribunais, 2006.

SINAPOL – Sindicato Nacional de Polícia. **Do Quadrilheiro à Polícia de Segurança Pública do Séc. XXI,** Lisboa. Disponível em: <https://sinapol.pt/historia-quadrilheiro/>. Acesso em: 17 Ago 2023.

SOARES, José Roberto Angelo Barros. **Política Nacional de Segurança Pública e Defesa Social**: análise da aderência dos planos estaduais de segurança pública e das capacidades estatais. (Dissertação de Mestrado). Universidade de Brasília. Brasília-DF, 2022. Disponível em: <https://repositorio.unb.br/bitstream/10482/43723/1/2022_Jos%c3%a9Roberto AngeloBarrosSoares.pdf>. Acesso em: 28 Jul 2023.

SOARES, Luís Eduardo. A Política Nacional de Segurança Pública: Histórico, Dilemas e Perspectivas. **Revista Estudos Avançados**, nº 21, v.61, 2007.

SOARES, Luiz Eduardo. Notas sobre a problemática da Segurança Pública. **Boletim Políticas Sociais:** acompanhamento e análise. Brasília, IPEA, n. 2, 2001.

SOUTH, Nigel. *Privatizing policing in the European Market: some issues for Theory, Policy, and Research. In: **European Sociological Review**,* v. 10, n. 3. Oxford University Press, 1994.

SUXBERGER, Antônio Henrique Graciano. O Ministério Público na Formulação das Políticas de Segurança Pública. **Revista Estudos Institucionais**, v. 7, n. 2, pp. 681-701, mai/ago. 2021. Disponível em: <estudosinstitucionais.com/REI/article/view/625/729> Acesso em: 27 Jul 2023.

TEIXEIRA, Grazielle Fátima Gomes; CANCIGLIERI JÚNIOR, Osiris. *How to make strategic planning for corporate sustainability?* **Journal of Cleaner Prodution**, v. 230, p. 1421-1431, 2019.

UNODC - *United Nations Office on Drugs and Crime.* **World Drug Report 2014**, *United Nations Office on Drugs and Crime*: Vienna, 2014.

VASCONCELOS, Francisco Thiago Rocha. **Violência e academia**: a construção político-intelectual do Núcleo de Estudos da Violência. Tese (Mestrado). São Paulo, Universidade de São Paulo, 2009.

ZANETIC, André. **A questão da segurança privada**: estudo do marco regulatório dos serviços particulares de segurança. 2005. Dissertação (Mestrado em Ciência Política) - Faculdade de Filosofia, Letras e Ciências Humanas, Universidade de São Paulo, São Paulo, 2006. Disponível em: <https://teses.usp.br/teses/disponiveis/8/8131/tde-14062007-154033/publico/dissertacao.pdf>. Acesso em: 02 Ago 2023.

ZANETIC, André. A segurança privada no Brasil: alguns aspectos relativos às motivações, regulação e implicações sociais do setor. **Revista Brasileira Adolescência e Conflitualidade**, São Paulo, p.51-70, 2010.

ZANETIC, André. Policiamento e segurança privada: duas notas conceituais. **Estudos de Sociologia**, Araraquara, v. 17, n. 33, 2012. Disponível em: <https://periodicos.fclar.unesp.br/estudos/article/view/5425>. Acesso em: 4 Ago 2023.

ZANETIC, André. Segurança privada: características do setor e impacto sobre o policiamento. **Revista Brasileira de Segurança Pública**, v. 3, n. 1, 2009. Disponível em: <https://revista.forumseguranca.org.br/index.php/rbsp/article/view/44>. Acesso em: 5 Ago. 2023.

www.ingramcontent.com/pod-product-compliance
Lightning Source LLC
Chambersburg PA
CBHW062321290526
45794CB00005B/1844